Robert Stiassny

Hans Baldung Griens, Wappenzeichnungen in Coburg

Ein Beitrag zur Biographie des oberrheinischen Meisters

Robert Stiassny

Hans Baldung Griens, Wappenzeichnungen in Coburg
Ein Beitrag zur Biographie des oberrheinischen Meisters

ISBN/EAN: 9783743395664

Hergestellt in Europa, USA, Kanada, Australien, Japan

Cover: Foto ©Thomas Meinert / pixelio.de

Weitere Bücher finden Sie auf **www.hansebooks.com**

Hans Baldung Griens

Wappenzeichnungen

in Coburg.

Ein Beitrag zur Biographie des oberrheinischen Meisters

von

Robert Stiassny.

Zweite Auflage.

Mit 16 Lichtdruck-Tafeln.

Wien 1896.

Die vorliegende Monographie, die zuerst im Jahrbuche der k. k. heraldischen Gesellschaft „Adler“ in Wien (Neue Folge, Doppelband V u. VI. 1895) erschienen ist, hat als Sonderabdruck namentlich in kunsthistorischen Kreisen Verbreitung und Anklang gefunden. Vielseitige Nachfrage veranlasste die Verlagshandlung zur Veranstaltung der gegenwärtigen zweiten Ausgabe, die der Verfasser einer Durchsicht unterzog. Zu den wohlgelungenen Tafeln — Netzätzungen aus der Hofkunstanstalt C. Angerer & Göschl — deren Wiederabdruck der verehrliche Ausschuss des „Adler“ mit dankenswerter Bereitwilligkeit gestattete, ist die Titeleinfassung nach der bisher unveröffentlichten Umrahmung des Coburger Eberstein-Wappens (Nr. 29 unseres Verzeichnisses) neu hinzugekommen.

1*

Auf der Münchener Ausstellung 1876, die von Kunst und Kunstgewerbe der Deutschen Renaissance das erste Gesammtbild gegeben hat, waren in der Abtheilung „Unserer Väter Werke" unter anderen heraldischen Prachtstücken 39 Blatt Wappenzeichnungen von dem Straßburger Maler Hans Baldung Grien zu sehen. Der lange verschollene Name des Meisters, den ein humanistischer Zeitgenosse, Beatus Rhenanus, mit Dürer, Holbein, Cranach unter den Größten des XVI. Jahrhunderts nennt, war eben damals wieder lebendig geworden. Im Hochaltare des Münsters zu Freiburg im Breisgau, in zahlreichen Tafelbildern, Holzschnitten, Zeichnungen hatte man eine schöpferische Begabung ersten Ranges, eine der stärksten und eigenartigsten Künstlerpersönlichkeiten seiner Zeit kennen gelernt. Im Sinne dieser Zeit, die auch das Handwerk zur Ausstattungskunst erhob, hat der phantasievolle Rheinschwabe es nicht verschmäht, decorative Aufgaben zu übernehmen und für die Kleinkunst Vorbilder zu liefern. Schon die Titeleinfassungen, die er gelegentlich zum Buchschmucke entwarf, streifen dieses Gebiet. Eine besondere Fruchtbarkeit entwickelte er aber als Zeichner, „Visierer" für Glasgemälde. Ja, diese „Scheibenrisse" bilden nicht nur unter den Zeichnungen, sondern im Werke des Meisters überhaupt die größte zusammenhängende Gruppe. Die in München — irrigerweise als Schweizer Arbeiten — ausgestellten Entwürfe gehörten zu einer umfangreichen Folge im Herzoglichen Kupferstichcabinet auf der Veste Coburg. Friedrich Anton von Sachsen-Coburg-Saalfeld (1750—1806), der Großvater des kürzlich verstorbenen Herzogs Ernst II., hatte das halbe Hundert Blätter mit der übrigen Sammlung, vermuthlich durch einen seiner beiden Hauptlieferanten, Frauenholz in Nürnberg oder Artaria in Mannheim, erworben. Der Stempel, den die Zeichnungen tragen, ist aber der des „Ernst Albert-Museums", einer in den Dreißigerjahren unseres Jahrhunderts von dem jungen Erbprinzen Ernst und seinem Bruder, dem nachmaligen Gemahl der Königin von England, angelegten Studiensammlung, über die Theodor Martin, The life of the prince consort (London 1880, I, 8), berichtet.

Eine kleinere Reihe Baldung'scher Wappenskizzen, 20 an der Zahl, die mit der Coburger Gruppe in engem Zusammenhang stehen, war zu Beginn der Siebenzigerjahre aus London der Pariser Firma Danslos & Delisle zugegangen; 1873 kaufte sie der Wiener Kunsthändler Alexander Posonyi, um sie im selben Jahre der erzherzoglichen Sammlung Albertina zu überlassen. Diese Serie hat Alfred Grenser im VII. Bande der heraldisch-genealogischen Zeitschrift des Vereines „Adler"

(1877) mit einem sachkundigen Begleittexte publiciert. Aus der Coburger Folge aber, die, vom Karlsruher Skizzenbuche abgesehen, den größten, an einem Orte vereinigten Bestand von Handzeichnungen Baldungs darstellt, sind bisher nur drei Proben in Friedrich Warneckes „Musterblätter für Künstler und Kunstgewerbetreibende" (Berlin 1880) an die Öffentlichkeit getreten. Durch die Liberalität Sr. kgl. Hoheit des regierenden Herzogs Alfred von Sachsen-Coburg und Gotha und das Entgegenkommen des Directors der herzoglichen Sammlungen, Herrn geh. Hofraths Rothbart, in die Lage versetzt, diese Blätter im Kupferstichcabinette der k. k. Hofbibliothek einer eingehenden Prüfung zu unterwerfen, gebe ich im Nachstehenden ein kritisches Verzeichnis der Folge und theile mit Genehmigung des erlauchten Besitzers eine Auswahl der bemerkenswertesten Stücke in verkleinerten autotypischen Nachbildungen mit.[1])

*　　*　　*

Von den monumentalen Bildercyklen, mit denen sie im Mittelalter die Kirchenfenster geschmückt hatte, begann sich die deutsche Glasmalerei im letzten Viertel des XV. Jahrhunderts auf die Herstellung kleinerer Scheiben zurückzuziehen und als „Cabinetsmalerei" auch im Profanbau Eingang zu finden. Kirchlichen Werken und weltlichen Stiftungen gemeinsam war die Vorliebe für heraldische Schildereien, die das wappenfrohe Jahrhundert der Renaissance zur üppigsten Entfaltung brachte. Vorzugsweise in der Schweiz war seit spätgothischer Zeit das Glasmalergewerbe zu Hause, getragen und gefördert durch die eigenthümliche Sitte der „Fenster- und Wappenschenkung", über die Dr. Hermann Meyer eine unterrichtende Studie geschrieben hat (Frauenfeld 1884). Nicht der gleichen Volksthümlichkeit, immerhin aber weiter Verbreitung erfreute sich diese Specialität in übrigen Süddeutschland, zumal im Elsass und Breisgau, den damals noch größtentheils vorderösterreichischen Nachbargebieten der Eidgenossenschaft. Während dem Aufschwunge des Kunstzweiges in der Schweiz aber in erster Linie politische und wirtschaftliche Motive zu Grunde lagen — Behörden, Convente, Corporationen waren die Hauptspender — überwiegen im Elsass und heutigen Baden, wie bei der verschiedenen Verfassung dieser Landschaften erklärlich, Privatscheiben, Widmungen von Mitgliedern einzelner Bürger-, Patrizier- und Adelsfamilien. So bilden denn auch private Donatorenwappen fast ausschließlich den Gegenstand der zahlreichen Glasgemäldevisierungen Hans Baldungs. Geboren um 1475 in dem Dörfchen Weyersheim „am hohen Thurm", unfern von Straßburg, war der nach seiner Leibfarbe „Grien" beigenannte Maler — Dürers vertrauter Freund „Grünhans" — von 1509 bis zu seinem Tode im

---

[1]) Seitdem Obiges geschrieben, hat der 2. Band des von G. v. Térey herausgegebenen Werkes: „Die Handzeichnungen des H. Baldung, gen. Grien", Straßburg, Heitz, 1895, 36 von den 51 Coburger Entwürfen in Lichtdrucken gebracht. Der Text beschränkt sich zumeist auf heraldische Erläuterungen, die von den Herren Kindler v. Knobloch und v. Althaus herrühren. Von dieser einseitigen Würdigung der Zeichnungen abgesehen, enthält die Publication manches zweifelhafte Stück, während Hauptblätter wie unsere Nummern 1, 8, 12 (Taf. I), 15 (Taf. IV), 28, 39 (Taf. X) fehlen und andere — die Nummern 29 (s. Titelumrahmung) und 50 (Taf. XV) — fragmentarisch reproduciert sind

September 1545 in der alten Reichsstadt und am Oberrheine thätig (vgl. Eisenmann. Meyers Künstlerlexikon II, 617 ff.). Die Hauptepoche seiner Wirksamkeit fällt zusammen mit der ersten Blütezeit der Cabinetsmalerei. So entsprechen seine Compositionen für Glasbilder fast durchwegs dem bekannten Typus der schweizerischen und oberdeutschen Wappenscheibe, wie ihn im ersten Drittel des XVI. Jahrhunderts am glänzendsten Holbein in seinen berühmten Cartons ausgeprägt hatte. Das Wappen ist als Hauptsache behandelt. In der Regel von einer oder zwei schildhaltenden Figuren, für die der technische Ausdruck „Bossen" aufgekommen war, begleitet, nimmt es das Mittelfeld der Darstellung ein. Die Umrahmung, das sogenannte Gehäuse (gehus), ist gewöhnlich vollständig und nur ausnahmsweise, wie dies bei decorativen Arbeiten sonst üblich, als Halbzeichnung gegeben. Ihr Grundmotiv ist eine Säulen- oder Pfeilerarkade im Deutsch-Renaissancegeschmack, die sich in späterer Zeit häufig zu einem Prachtportal oder einer offenen Halle erweitert. Da die Wappen immer nach einer bestimmten Richtung orientiert sind — Kirchen- und Kapellenfenster schauen nach Osten zum Altar hin — so erscheinen diese Architekturen nicht selten in perspectivisch verschobener Seitenansicht. Zwickel- und Kopfstücke figürlichen Inhalts vermitteln den Übergang zur rechteckigen Form der Scheibe. Am Fuße ist der Raum für eine, oft auch angedeutete Schrifttafel ausgespart, die den „Titulus", die Widmung mit dem Stifternamen, aufzunehmen hatte.

Unsere Glasgemäldevorlagen waren selbstverständlich auf Colorierung und vor allem auf Fernschau berechnet. An Frische und Unmittelbarkeit bleiben sie daher hinter den übrigen Handzeichnungen Baldungs zurück; erst in der farbigen Ausführung der „Täfelein", die in die weißen Butzenfenster eingesetzt wurden, konnten sie ihre Wirkung erproben. Aber selbst die einfachsten Risse von mehr oder weniger handwerklichem Charakter sind von Interesse, weil sie voll und ganz das sind, was sie sein sollen, und dem goldenen Boden des Handwerks, für das sie geschaffen wurden, niemals untreu werden. Mit sicherem Stilgefühl geht Baldung auf die Bedingungen der Technik ein. Durch Klarheit der Silhouette und beständige Rücksichtnahme auf den malerischen Effect - - Wappen und Rahmen sind mit Farbennotizen versehen — arbeitet er dem Glasmaler in die Hände. Ein kerniger, kraftvoller Contour, eine gewisse Derbheit der Formengebung, die Material und Praxis verlangten, standen ihm von Haus aus zu Gebote. Ja, dieser Vorzug schlägt bei ihm nicht selten ins Gegentheil um, da er nach Art der Süddeutschen das Detail gerne etwas schwer stilisiert und in den gedrückten Verhältnissen seiner Rahmenarchitekturen den flotten Wurf der Schweizerscheiben gewöhnlich vermissen lässt. So wirken manche Blätter im Original allzu massig, andere wieder leer — Mängel, die der verkleinerte Maßstab unserer Nachbildungen wohlthätig gemildert hat. Die decorative Ader, den ornamentalen Spieltrieb anderer Künstler der deutschen Frührenaissance besaß Baldung überhaupt nur in bescheidenem Grade und zur neuen Formenwelt mit ihrem beziehungslosen Flächenschmuck hat sein energisches Naturell nicht leicht ein Verhältnis gewonnen. Diese Beobachtung bestätigen seine Titelbordüren in Straßburger Drucken, die im Aufbau und Zierrath manche stilistische Parallele zu den Umrahmungen unserer Scheibenrisse bieten. Äußerlich zwar beginnt er sich früh genug von der realistischen Ornamentik der Gothik loszusagen, um 1515 etwa (vgl. Nr. 19, Taf. VII). Aber wie sehr es ihm ein Jahrzehnt später noch an wirklichem

Verständnisse der italienischen Architektur gebricht, beweist der wunderliche, in seiner echt nordischen Phantastik indes wieder anziehende Thürrahmen des 1525 datierten Eberstein-Wappens (s. Titelblatt). Von nun ab macht seine Renaissancebildung rasche Fortschritte und deutlich wahrnehmbar ist die Entwicklung von robuster Einfachheit zu zierlicher Eleganz der Gliederungen Das Hohenlohe-Wappen (Taf. XI) zeigt bei wohlabgewogenen Verhältnissen bereits eine auffällige Reinheit der Einzelformen; und vollends in dem letztdatierten Blatte der Reihe, dem Dunzenheim-Wappen von 1542 (Taf. XV), beherrscht er mit einer an Routine streifenden Sicherheit Raumauffassung und Motivenschatz des neuen Stiles.

Sein Bestes gibt der Künstler aber auch als Decorateur im Figürlichen. Löwen, fröhlich bewegte Putten, Jäger und Landsknechte, Edeldamen in der kleidsamen Holbeintracht wählt er mit Vorliebe zu Schildhaltern. Sie sind nicht immer correct gezeichnet, die Wappenthiere wie die Menschen. Aber, ob Phantasiegebilde, ob Zeittypen, sind sie aus Einem Guss, von großem Zuschnitt und jener Charakterfülle der Erscheinung, die den Gestalten Baldungs eigen ist. Eine starke plastische Wirkung geht von ihnen aus, die sich über das Gesetz des Flächenstils, der „architektonischen Ruhe", das für die gothische Glasmalerei maßgebend gewesen ist, keck hinwegsetzt. Daneben bewährt der Künstler in der leichten und freien Modellierung einiger weiblichen Nacktfiguren eine malerische Weichheit des Vortrages und einen Formensinn, der seine allegorischen Frauenbilder im Germanischen Museum und die „Drei Grazien" des Prados zu Madrid ins Gedächtnis ruft. Das kleinbürgerliche, hausbackene Schönheitsideal der altdeutschen Schule erscheint überwunden in dieser anmuthigen Weiblichkeit, die allerdings schon durch einen gewissen erotischen Reiz modern berührt (vgl. Taf. XIII und XIV). Bilder für sich wiederum sind die Zwickel- und Kopfstücke der Umrahmungen, die sich leider nur an wenigen Blättern erhalten haben. Es sind Jagd- und Gesellschaftsscenen, bald von miniaturartig feiner, bald von mehr skizzenhafter Ausführung, nicht selten leicht humoristisch, ja novellistisch gefärbt; manche Anspielung auf die Person des Wappeninhabers mag hier mit unterlaufen sein. In Geist und Stimmung erinnern diese köstlichen Genredarstellungen an die Randzeichnungen zum Gebetbuche Kaiser Maximilians, an denen Baldung ja betheiligt war; doch haben sie vor ihnen die Geschlossenheit der Composition voraus.

Als schlechthin classisch endlich sind Baldungs Wappenzeichnungen längst anerkannt vom heraldischen Standpunkte. Ein heraldischer Zug geht nach einer Beobachtung Robert Vischers (Studien zur Kunstgeschichte. Stuttgart 1886, S. 163 f.) durch die ganze Bildkunst der Spätgothik. in deren Formengeschmack der Straßburger Meister wurzelt. So bringt er allem Wappenwesen ein instinctives Verständnis entgegen, von dem diese Blätter naturgemäß besonders eindringlich Zeugnis geben. Freilich ist die Folge auch darin lehrreich für die Erkenntnis seiner Art. dass sie durch eine Reihe minderwertiger, ja rangloser Arbeiten, deren Echtheit aus stilkritischen Gründen leider nicht angefochten werden kann, die Sprunghaftigkeit seines Schaffens beweist. Die besten Sachen aber sind von einer auf dem Gebiete kaum übertroffenen Vollendung. Wie ein Wappen „reißt", die krausen Decken („Lätze") schwungvoll aufrollt und zaddelt, das Stoffliche des Helms und Kleinods bezeichnet, darf als vorbildlich gelten. Das rhythmische Liniengefühl, das heraldische Entwürfe fordern, lag Baldung offenbar noch im Blute wie irgend

— 9 —

einem mittelalterlichen „Schilterer". Aber durch Mannigfaltigkeit der Anordnung, glückliche Raumbenützung und originelle Behandlung des Beiwerkes weiß er des an sich einförmigen Stoffes Herr zu werden, ihm künstlerischen Spielraum abzugewinnen. So spiegelt sich auch in dem engen Rahmen unserer Glasvorzeichnungen die gewaltige Erfindungskraft des Malers, der wie wenige seiner großen Zeit „inwendig voller Figur" gewesen ist.

Solche Vorzüge würden der Folge die Theilnahme aller Freunde der alten Heroldskunst auch dann sichern, wenn sie nicht schon durch die Persönlichkeiten der meisten Besteller gerechtfertigt wäre. Unter diesen begegnen uns die klangvollsten Namen des damaligen Straßburger Patriziats, Mitglieder des Domcapitels, durchwegs Sprossen alter Dynastenhäuser — die Domherren des Hochstiftes galten als die „edelsten" im Reiche — elsässische, oberbadische, schweizerische und schwäbische Notabeln, an ihrer Spitze eine populäre Gestalt der Reformationszeit, Herzog Ulrich zu Württemberg. Ein Stammbuch jener altalamannischen Geschlechter, deren Geschichte und Geschichten die Zimmerische Chronik erzählt, der „Heiligen und der Ritter" Südwestdeutschlands, blättert sich vor uns auf. Und da viele Zeichnungen auf persönliche Beziehungen des Meisters zu den Auftraggebern zurückweisen, so versetzen sie uns unmittelbar in seine örtliche und zeitliche Nähe, auf den Boden und in die Umgebung, in der er geschaffen hat. Dieser Localton von intimem Reize, der auf den schlichten Blättern liegt, gibt ihnen neben ihrem künstlerischen, culturgeschichtlichen und heraldisch-genealogischen Werte eine nicht zu unterschätzende biographische Bedeutung.

* * *

Die Coburger Entwürfe tragen — mit zwei Ausnahmen — das aus H, B und G zusammengesetzte Monogramm des Künstlers, die Mehrzahl auch den Geschlechtsnamen des Wappeninhabers und Bestellers. Die Wappentincturen sind durch die Anfangsbuchstaben der betreffenden Farben — nur für Grün dient üblicherweise ein Lindenblättchen als Abkürzung — angezeigt, während die Farben der umrahmenden Theile voll ausgeschrieben zu sein pflegen.[2]) Diese, mit fliegender Feder, in Cursive eingetragenen Vermerke rühren gewiss von der Hand des erfindenden Künstlers her. Die gleiche Annahme drängt sich bei einer Reihe von Stifternamen und Anweisungen für den Glasmaler auf, die in derselben mehr oder weniger bräunlich verblassten Tinte beigefügt sind und den nämlichen Ductus zeigen. Bei dem Mangel längerer Schriftproben aus den verschiedenen Lebensaltern Baldungs dürfte sich diese Vermuthung palaeographisch allerdings kaum erhärten lassen. Die überwiegende Mehrheit der Donatorennamen aber und das, wie diese in dunkelbrauner Tinte, schablonenhaft aufgesetzte — regelmäßig von zwei Häkchen begleitete — Monogramm sind ohne Frage jüngeren Ursprungs und Zuthaten derselben Hand, die auch die Wappenzeichnungen der Albertina mit Signaturen und Beischriften versehen hat. Der Rück-

---

[2]) Die Farbenbezeichnung von Glasgemälde-cartons durch Buchstaben findet sich schon in des Theophilus „Schedula diversarum artium" vorgeschrieben (Quellenschriften für Kunstgeschichte VII, Wien 1874, S. 121). In einem

gedruckten Wappenwerke dürfte sie systematisch zum erstenmale Virgil Solis in seinem „Wappenbüchlein", Nürnberg 1555, durchgeführt haben (Neuausgabe, Hirths Liebhaberbibliothek V).

schluss auf eine gemeinsame Provenienz beider Folgen ergibt sich damit von selbst. Von dem nämlichen Grundstocke muss sich aber eine Anzahl anderer, in öffentlichen und Privatsammlungen verstreuter Wappenskizzen Baldungs abgesplittert haben, deren Bezeichnungen den gleichen Schriftcharakter aufweisen.

So besitzt das kgl. Kupferstichcabinet in Berlin Entwürfe zu einem bürgerlichen Heiratswappen, einem Werdenberg-Fenster und einer von den Bürgern des Dorfes Heiligenstein bei Barr im Unterelsass 1516 gestifteten Kirchenscheibe. Von besonderem Interesse ist die Zeichnung zu einer Wappenscheibe des 1557 verstorbenen Wild- und Rheingrafen Jakob v. Salm, Domherrn zu Straßburg, in derselben Sammlung, weil der Besteller gewöhnlich in dem Geburtsdorfe Baldungs. Weyersheim, residierte, in Straßburg aber Hausnachbar des Malers, wenigstens in der Zeit von 1536—1545, war.[9] Das Wappen eines anderen Straßburger Domherrn, des Grafen Christoph III. zu Gleichen († 1548) aus der Tonnischen Linie des Hauses, gibt ein 1545 datiertes Blatt des Staedel'schen Institutes zu Frankfurt a. M. wieder (s. C. Sagittarius, Historia der Grafschaft Gleichen, Frankfurt a. M. 1732, III, 407 ff.). Das Großherzogliche Museum zu Weimar bewahrt einen Scheibenriss mit dem Wappen des Basler Domprobstes Andreas Stürzel von Buchheim (vgl. Chr. Wurstisen, Bassler Chronik. 1765, VIII, S. 685, und die Leipziger „Kunstchronik", N. F. VI, Sp. 310). Ein Entwurf zum Glaswappen eines Grafen von Zweibrücken-Bitsch gelangte mit einer Handzeichnungensammlung aus Nancy in den Jahren 1888, 1890 und 1891 durch den Stuttgarter Kunsthändler G. Gutekunst zur Versteigerung. In wessen Hände diese Zeichnung und eine zweite mit dem Malerwappen übergieng, ließ sich nicht ermitteln. Hingegen erwarb aus derselben Sammlung Professor Ehlers in Göttingen die flüchtige Federskizze einer Allianz Reinach-Andlau und das Germanische Museum außer einem großen, unausgeführten Doppelwappen die Visierung zu einer Geschlechterscheibe der Weitersheim („Wyttersheim"), einer unterelsässischen Familie (vgl. Bernhardt Hertzog, Edelsasser Cronick, Straßburg 1592, VI, 291, und Siebmacher I, 194, 15). Auf der Vente Firmin Didot in Paris 1877 erstand Ad. R. v. Lanna, der Prager Sammler, die Zeichnung zu einem bürgerlichen Wappenfenster, mit einem Stierkopf im Schilde, der aber das Monogramm Baldungs grundlos aufgefälscht wurde, da sie entschieden nicht von dem Künstler ist (vgl. den Catalogue des dessins et estampes, composant la collection de M. Ambr. Firmin Didot, Paris 1877, Nr. 6). Das Monogramm derselben Factur kehrt wieder auf den Zwickelfüllungen dreier Scheibenrisse in der Stadtbibliothek zu Bern, deren Mittelstücke sich nicht erhalten haben (Kunstchronik XXIV, Sp. 465 ff.). Sieben weitere Cartons mit der in Rede stehenden Signatur sind ein älterer Besitz des k. k. Österr. Museums. Endlich tauchten auf der Auction Klinkosch in Wien (1889) drei in gleicher Weise bezeichnete Wappenskizzen auf, die sich gegenwärtig auf dem gräflich Wilczek'schen Schlosse Seebarn bei Korneuburg (Niederösterreich) befinden. Die letztgenannten zehn Blätter finden sich im Anschlusse an die Coburger Folge weiter unten besprochen.

---

[9] Über den Rheingrafen Jakob vergl. die Zimmerische Chronik, ed. Barack, in der Bibl. d. Liter.Vereines in Stuttgart, Bd. XCII, S. 479 f., Bd. XCIII, S. 523 ff., und Bd. XCIV, S. 564 ff.; über seinen „Hof" in der Brandgasse zu Straßburg (jetzt Nr. 9) Ad. Seyboth, Das alte Straßburg, 1890, pag. 21, 7. — Eine Abbildung des Entwurfes b. Warnecke, Her. Kunstbl. 1, 7.

Alle diese Entwürfe — und obige Liste macht keineswegs Anspruch auf Voll-
ständigkeit — waren im Gegensatze zu ihrer heutigen Diaspora nicht für eine weitere
Verbreitung bestimmt. Der Künstler ließ sie aus diesem Grunde unbezeichnet, wie
denn sein Monogramm auf drei prächtigen Glasgemäldevorlagen anderer Herkunft
in der Berner Stadtbibliothek thatsächlich fehlt. Welchen Weg die Zeichnungen aus
dem Atelier des Glasmalers genommen haben, entzieht sich unserer Kenntnis. Als
ausgemacht aber darf gelten, dass sie vor Ablauf des XVI. Jahrhunderts mit dem
Kunstnachlasse Baldungs in Einer Hand vereinigt waren. Diesen Nachlass, zu welchem
außer dem jetzt im Karlsruher Kupferstichcabinet aufbewahrten Skizzenbuche auch
die vielgenannte Haarlocke Dürers — seit 1873 auf der Bibliothek der Akademie
der bildenden Künste in Wien — gehörte, erwarb der Maler Nikolaus Kraemer.
Von Kraemer (Kremer). einem der engeren Zunftgenossen Baldungs in Straßburg,
war bis vor kurzem nur das unrichtige Todesjahr 1550 bekannt, das Nagler im
Künstlerlexikon (VII. 146) mittheilt. Neuerdings hat aber Ad. Seyboth aus dem
Straßburger Stadtarchiv eine Reihe urkundlicher Erwähnungen des Künstlers ans
Licht gezogen (Repertorium für Kunstwissenschaft XV, 39). In den Jahren 1521 bis
1547 erscheint er wiederholt in Kaufbriefen und anderen Acten, zumeist als „An-
stößer" oder „Zustößer" (Anrainer). Dem ausgezeichneten Localforscher verdanke
ich die weitere Nachricht, dass er einmal (1539) Nikolaus von Ettenheim genannt
wird, d. h. wohl aus dem oberbadischen Städtchen in der Ortenau (Schwarzwald)
gebürtig war, dessen altberühmtes Benedictinerstift Ettenheimmünster unter der
Kastenvogtei des Bisthums Straßburg stand.[4]) In Straßburg heiratete er 1538 Dorothea
Büheler. die Schwester Sebalds, des nachmaligen Chronisten; ungefähr 1530—1553
war er Eigenthümer des Hauses „zur Musigk" in der Spießgasse, in der Nähe der
Malerzunftstube „zur Steltz". Eben in diesem Jahre, 1553, am 25. April. starb er,
und zwar nicht in Straßburg, sondern in dem Dorfe Ottersweier bei Bühl (heute
Bahnstation zwischen Baden-Baden und Straßburg). Die Inschrift seines an der
äußeren Kirchenmauer noch erhaltenen Grabsteines, in der er „Nikolaus Kremer,
pictor, civis Badensis" genannt wird, hat F. J. Mone veröffentlicht (Bad. Archiv zur
Vaterlandskunde II, Karlruhe 1827, S. 161 f.).

Die von Mone bei dieser Gelegenheit ausgesprochene Vermuthung, Kraemer
sei während der Ausführung jener Glasmalereien gestorben, die früher den Chor der
Kirche zu Ottersweier schmückten, 1832 aber in den Rittersaal des großherzoglichen
Schlosses Neu-Eberstein (bei Baden) verbracht wurden, klingt wenig glaubwürdig.
Eines dieser Figurenfenster ist 1518 datiert. andere wieder stammen aus dem Ende
des XVI. Jahrhunderts (vgl. v. Beust. Geschichte der Grafen v. Eberstein, Rastatt
1855, S. 76 f., und Freiburger Diöcesanarchiv XV, 57 f.). Überdies führten die
Glasmaler der Zeit noch die mittelalterlichen Bezeichnungen „vitrifex", „vitriarius",

---

[4]) Vgl. Kolb, Lexikon von dem Großherzogthum Baden I (Karlsruhe 1813), 281 f. und
A. Kürzel, Die Benediktinerabtei Ettenheim-
Münster, Lahr, 1870. — Prof. Ehlers in Göttingen besitzt zwei ganz kleine, Baldung bei-
gemessene Federzeichnungen mit dem Wappen
des Abtes Quirin Weber v. Ettenheim (1544

bis 1558): einer dreiblätterigen Kleestaude, die
aus einem Dreiberg wächst. Der von der Inful
überhöhte Schild wird auf dem einen Blatte
von einem Engel gehalten. Prof. Rob. Vischer,
dem ich den Nachweis verdanke, bezweifelt
aber die Richtigkeit der Zuschreibung.

„vitriator", nicht „pictor". Noch weniger haltbar erscheint die von F. Mone junior im Badischen Beobachter, 1879, Nr. 187, vorgebrachte Hypothese, die jetzt zerstörten Wandmalereien auf der südlichen Innenwand des Langhauses der Kirche seien Arbeiten Kraemers gewesen; nach dem Freiburger Diöcesanarchiv a. a. O. rührten sie wahrscheinlich noch aus dem XV. Jahrhundert her. Über den Altar in Lautenbach (Ortenau) und das Sippenbild im benachbarten Ober-Nesselried, die F. Mone (Bildende Künste im Großherzogthum Baden, Bd. XVIII, Bruchsal, 1888, S. 216 und 443) beweislos als Compagniearbeiten Baldungs und Kraemers angesprochen hat, wird der im Zuge befindliche Inventarisation der Kunstdenkmäler des Großherzogthums wohl authentischen Aufschluss bringen. Der Lautenbacher Altar ist, soweit gute Photographien ein Urtheil zulassen, ersichtlich unter dem Einfluss, aber gewiss nicht unter persönlicher Betheiligung Baldungs entstanden (vgl. E. Sensburg, Die Kirche zu Lautenbach, 1830, S. 13). Dagegen sind die beiden allein gesicherten, weil signierten Gemälde Kraemers der Fachliteratur bisher entgangen. Auf Schloss Wachendorf bei Bieringen in Württemberg, dem Stammsitze der Freiherrn von Ow, befinden sich zwei alte Familienbilder, die Krieg v. Hochfelden, Die beiden Schlösser von Baden, Karlsruhe 1851, S. 52 f., beschreibt. Das eine, auf Leinwand gemalt, ist ein Doppelporträt des Ritters Johann v. Ow und der seit 1531 in zweiter Ehe mit ihm vermählten Prinzessin Rosina von Baden, der jüngsten Tochter des Markgrafen Christoph I. Das andere, 1542 — nicht 1546, wie Krieg angibt — datierte Tafelbild stellt dasselbe Paar mit seinen beiden Knaben, in Gesellschaft von Rosinas Bruder, des Markgrafen Ernst, Stifters der Baden-Durlacher Linie, und des Truchsessen Georg von Waldburg dar. Beide Bilder, die auch ihrer Hintergrundsarchitektur, der alten Markgrafenburg Hohen-Baden, wegen beachtenswert sind, tragen das Monogramm NK — ein Künstlerzeichen, auf das der ganzen Sachlage nach der badische Maler Nikolaus Kraemer den ersten Anspruch hat.[5]) In dem nämlichen Jahre, 1542, ließ Kraemer, wie Seb. Büheler in seiner Straßburger Chronik (§. 287 der Ausgabe von Dacheux) erzählt, ein Flugblatt mit der in Holz geschnittenen „Conterfectur" einer — Heuschreckenplage, ausgehen, von der Straßburg in jenem Sommer heimgesucht wurde. So bleiben wir über seine Kunstthätigkeit nach wie vor dürftig unterrichtet. Vielseitig genug war der Mann aber auf alle Fälle beschäftigt, um einer Sammlerleidenschaft für alte Scheibenrisse unverdächtig zu sein, die, falls er sie besaß, mit Inschriften zu versehen, ihm die Muße gefehlt haben wird.

Nach Kraemers Ableben schenkte seine Wittib Dorothea die Kunstsachen des Verstorbenen ihrem Bruder Sebald Büheler. Als neuntes Kind des gleichnamigen Straßburger Zeugwartes am 29. August 1529 geboren, war Sebald in seiner Jugend Maler. Vermuthlich hatte er bei seinem Schwager gelernt und nach dessen Tod die Werkstatt eine Zeitlang weiter betrieben. Auch später ist er der Kunst treu geblieben, aber mehr als Liebhaber, denn er hatte sich dem nahrhafteren Berufe eines

---

[5]) Nagler, Die Monogrammisten IV, 761, Nr. 2452, erwähnt ein Bild der Schlacht von Sempach mit demselben Monogramm und der Jahreszahl 1542 auf Schloss Wachendorf. Diese Nachricht ist irrig. Einer freundlichen Mittheilung des Herrn Baron Hans v. Ow, kgl. Regie-rungspräsidenten zufolge handelt es sich um Hans Rudolf Manuels Deutsch bekannten Riesenholzschnitt der Schlacht von Sempach aus dem Jahre 1551 (vgl. Th. v. Liebenau, Die Schlacht von Sempach, Luzern 1886, S. 248 u. 413).

Weinhändlers zugewendet, als der er 1595 starb. „Burger und Moler" nennt er sich gleichwohl in einem 1582—1589 von ihm ausgeführten Wappenbuche, einer gegenwärtig in der Bibliothek des Freiherrn Zorn von Bulach auf Schloss Osthausen bei Erstein im Elsass befindlichen Handschrift. In der That verrathen die Wappenmalereien des Foliobandes, der im ersten Theil die Fürsten, Grafen und Herren, im zweiten den übrigen Adel mit dem Patriziate behandelt und als wichtiges Repertorium, namentlich für elsässische Familiengeschichte gilt, eine geschulte Künstlerhand (s. Kindler v. Knobloch, Deutscher Herold IX, S. 75 f.). Ein anderes heraldisches Quellenwerk ist sein „Ammeisterbuch" im Besitze der Familie Brackenhoffer zu Straßburg, dessen zwei Abtheilungen — die erste den „Stettmeistern", die zweite den „Ammeistern" gewidmet — 1589 und 1594 vollendet wurden. Ein eigenhändiges Duplicat dieser Bilderhandschrift, für Hans Philipp v. Böcklinsau in denselben Jahren 1589 bis 1595 verfertigt, jetzt in der Karlsruher Hof- und Landesbibliothek, hat neuerdings K. Freiherr v. Neuenstein in der Monatsschrift „Wappenkunde" (Karlsruhe 1894, Heft 2 ff.) veröffentlicht. Im Stile der Darstellungen wie im Schriftcharakter stimmt mit dieser Wappensammlung ein Quartbüchlein der Darmstädter Hofbibliothek ziemlich überein, das die Wappen der Ammeister von 1333-1572 in zierlicher Gouachenmalerei wiedergibt und auf dem in Lederpressung geschmakvoll verzierten Originaleinband den Namen des Eigenthümers „Philippus Hoffott" trägt. Die Autorschaft Bühelers auch an diesem reizenden Miniaturwerke festzustellen, muss eingehenderer Vergleichung, als sie mir zur Stunde möglich ist, vorbehalten bleiben, In der Straßburger Localgeschichte lebt aber sein Andenken vornehmlich durch die mehrfach citierte Chronik fort, die 1584—1588 niedergeschrieben, mit ihren Nachträgen bis 1594 reicht. Das Original ist 1870 beim Bibliotheksbrande leider zu Grunde gegangen; aber in einer nach alten Copien und Auszügen trefflich besorgten Ausgabe, die im 13. Bande der neuen Folge des „Bulletin de la société pour la conversation des monuments historiques d'Alsace" (Straßburg 1888) vorliegt, konnte Abbé Dacheux, der Biograph Geiler von Keisersbergs, den Schatz dieses alten Geschichtswerkes heben.

Büheler nun scheint die Glasgemäldevisierungen Baldungs, in denen er willkommene Vorarbeiten für seine Wappenbücher erblicken musste, aufgekauft zu haben. Mit der Gewissenhaftigkeit des fachtüchtigen Heraldikers und dem antiquarischen Interesse des Chronisten hat er dann die Namen der Wappeninhaber sowie das Meisterzeichen Baldungs auf den einzelnen Blättern angemerkt. Ein Vergleich dieser Einträge mit der Schrift des Osthausener Wappenbuches, den Herr Baron Hugo Zorn v. Bulach, kais. Unterstaatssecretär, auf Grund unserer Abbildungen bereitwilligst durchgeführt hat, ergab denn zur Evidenz die Einheit der Hand. Freilich war Büheler mehr Künstler als Kunstkenner, und so darf es nicht Wunder nehmen, dass er auch auf einer Anzahl unechter Blätter das ihm einmal vertraute Monogramm — gewiss optima fide — anbrachte. Hat er doch das Karlsruher Skizzenbuch in derselben Weise mit Aufschriften und Monogrammen versehen (vgl. die Ausgabe von Marc Rosenberg. Frankfurt a. M. 1889, Text. S. 4). Dieses Quartbüchlein, das der Chronist 1582, im selben Jahre, da er das Osthausener Wappenbuch anlegte, aus den Fragmenten zweier wirklicher Zeichenbücher Baldungs und einer größeren Anzahl loser Blätter zusammenbinden ließ, verdankt überhaupt ihm erst seine Entstehung. Hiebei scheint er aber eine Reihe weiterer Silberstiftstudien des Künstlers übersehen oder nicht mehr besessen zu haben, die zweifellos ursprünglich zu demselben Complexe von Zeichnungen gehörten. Zwei solcher Blättchen haben sich im Berliner Cabinet erhalten, der größere Theil aber wurde in das kgl. Kupferstichcabinet zu Kopenhagen verschlagen (vgl. die Publication „Quarante feuilles d'un livre d'esquisses de Jean Holbein le jeune. tirés du Cabinet roy., d'estampes de Copenhague", 1861, und Woltmann, Jahrbücher für Kunstwissenschaft IV, 354 ff.). Hatte also Büheler begreiflicherweise nicht das kritische Verständnis eines modernen Sammlers für seinen Kunstbesitz, so war er doch pietätvoll bemüht, das „Urheberrecht" Baldungs an einer ganzen Gruppe wertvoller Arbeiten zu sichern, und hat damit an seinem Theile beigetragen, den Nachruhm des Meisters zu mehren. Die Baldungforschung kann daher in dem wackeren Weinhändler, Maler und Stadtchronisten von Straßburg ihren Ahnherrn begrüßen und hat alle Ursache, seinen Namen dauernd in Ehren zu halten.

*

Wie sämmtliche Wappenskizzen Baldungs, sind auch die Coburger Blätter Federentwürfe, die unter Zuhilfenahme von Tusche, Sepia und farbigen Pinselhöhungen mehr oder weniger sorgfältig durchgeführt wurden. Auffällig ist, dass der Künstler wiederholt auf einem und demselben Blatte nicht nur zweierlei Tinten, einer von noch frischer Schwärze und einer stark verblassten. sondern auch zweier verschiedener Federn, eines fein gespitzten Kieles und einer Rohrfeder, sich bedient hat. Die betreffenden Cartons sind eben nicht auf Einem Sitze gemacht worden. Die Verbleiungsstreifen (Bleiruthen) der Scheiben sind durch rothe Saumlinien angedeutet; sie rühren von dem Glasmaler her, der sich das Bildfeld musivisch zerlegte und mit dem Röthel auch fehlende Farbenangaben nachgetragen hat. Zu Baldungs Zeiten waren der entwerfende und ausführende Künstler eben schon geschieden und wir haben keinen Grund zur Annahme, dass der Straßburger Meister, wie dies z. B. von Urs Graf bezeugt ist, die Glasmalerei selbst betrieben hat. Leider hat bei der Übertragung auf Glas die Mehrzahl der Zeichnungen einen empfindlichen Schönheitsverlust erlitten. Die Mittelstücke mit dem Wappen wurden nämlich von dem Glaskünstler nach Bedarf aus ihren Umrahmungen herausgeschnitten, welcher Manipulation diese in der Regel zum Opfer fielen. Wenigstens haben sich in Coburg nur von zwei Nummern die abgetrennten Einfassungen erhalten, die aber von einem früheren Besitzer irrigerweise mit fremden Wappen vereinigt wurden. Derselbe ließ weiters vier Kopfbildchen, deren Zusammenhang mit bestimmten Wappen er nicht erkannte, gesondert aufziehen. In Coburg selbst sind mehrere Zeichnungen, die sich vormals bei der Folge befanden, in Verstoß gerathen. Drei Wappen der Straßburger Patrizierfamilie Müllenheim, die der Münchner Ausstellungskatalog von 1876, Theil II, unter Nr. 2521—2523 aufführt, sind gegenwärtig unauffindbar. Auch der Verbleib einer Anzahl „weißcontourierter Glasfensterentwürfe". die eine neuere Röthelnotiz auf der Rückseite eines Cartons als zu derselben Serie gehörig erwähnt, ist der Direction der Sammlung unbekannt.

Von den vorliegenden 51 Blättern ist eines als unecht und ein zweites als Nachzeichnung eines Baldung'schen Originales von fremder Hand auszuscheiden.

Fünf Visierungen müssen als fragwürdig bezeichnet werden. Die übrigen 44 kann man als echt passieren lassen. obschon sich bei einem oder dem andern noch Zweifel regen mögen, die aber weniger im Stilcharakter, als in seiner geringen Qualität ihre Begründung finden. Bei einzelnen Entwürfen, so namentlich den stark gesellenhaften der Serie des Österreichischen Museums darf an eine Betheiligung der Werkstatt gedacht werden. Der Wertmaßstab allein versagt indes oft den Leistungen Baldungs gegenüber, der zu allen Zeiten sehr verschieden gearbeitet hat. Diese Eigenthümlichkeit des Künstlers erschwert auch die Altersbestimmung der einzelnen Stücke. Im ganzen tragen nur sechs Blätter Jahreszahlen, die einander so folgen: 1512, 1515, 1516, 1525. 1531, 1542. Die directe chronologische Ausbeute ist als im Verhältnis zur Masse der Zeichnungen eine ziemlich magere. Immerhin gestatten diese Daten, die Entwicklung Baldungs durch ein Menschenalter zu verfolgen. Die vergleichende Stilbetrachtung, die selbstverständlich auch das übrige. an 400 Nummern zählende Werk des Künstlers heranzuziehen hat, gibt nun häufig die Mittel an die Hand, undatierte Blätter zwischen die datierten einzuschieben und sie auf diese Weise zeitlich festzulegen. Für eine Reihe anderer Zeichnungen gewähren eine beiläufige Datensicherheit die biographischen Nachrichten über die Wappeninhaber. Schlüsse aus diesen müssen allerdings mit Vorsicht gezogen werden, da Baldung wiederholt Wappenscheiben entworfen hat, die dem Gedächtnisse Abgeschiedener gewidmet waren.

Soviel erhellt jedoch schon aus einem flüchtigen Überblicke. dass in der Coburger Folge wie in jener der Albertina die spätere Zeit des Meisters - - etwa vom Beginne der Zwanzigerjahre des XVI. Jahrhunderts bis zu seinem Tode - am reichsten vertreten ist. Der ursprünglich patrizischen Mode der „geschmelzten Wappen" hatten sich bei dem herrschenden Cultus der Persönlichkeit längst auch die bürgerlichen Kreise bemächtigt. Die Glasmalerei war die „Kunst des Tages" geworden. Und über den privaten Ruhmsinn hinaus hatte das nationale Leben am Oberrheine wie in der Schweiz in ihr ein dem Kupferstich und Holzschnitt vielfach verwandtes Ausdrucksmittel gefunden (s. Rahn, Die Glasgem. d. goth. Hauses zu Wörlitz i. d. Festgabe für A. Springer, Leipz. 1885, S. 195). Dem Straßburger Künstler, der damals auf der Höhe seines Rufes stand, infolge der Reformation aber als Kirchenmaler so gut wie gar nicht und als Zeichner für den Holzschnitt nur mehr wenig beschäftigt war, erschloss sich hier eine dankbar begrüßte Erwerbsquelle. Eine erste Hauptepoche seiner Thätigkeit für das Fach lag freilich schon hinter ihm. Es war die Freiburger Zeit und die voraufgegangenen Jahre. Im Freiburger Münster sind noch drei figurenreiche Kapellenfenster erhalten, die, offenbar nach Vorlagen Baldungs ausgeführt, von deren decorativer Wirkung in Glas eine um so schätzbarere Vorstellung geben, als profane Scheiben seiner Erfindung bisher nicht aufgetaucht sind.[6] Auch in unserer

---

[6] Vgl. Stiassny, Baldung-Studien III, Kunstchronik, N. F. VI, Nr. 20 u. 21. — In der Trinkstube des Schlosses Liechtenstein in Württemberg befindet sich eine Rundscheibe, die nach Mittheilung Dr. P. Webers auf Baldung zurückgehen soll. In einer Berglandschaft ist die Göttin der „Gelegenheit" mit einem Scherenschleifer dargestellt, also das in der Deutschen Renaissance nur bei Urs Graf und dem Baseler Monogrammisten I.F. nachgewiesene Motiv des griechischen „Kairos". Auf die Schweiz so gut wie auf das Elsass ließe sich auch die deutsch-französische Unterschrift des Glasbildchens deuten.

Folge stammen eine Reihe der feinsten Compositionen aus dieser Blüteperiode des Künstlers, deren Beginn man gemeinhin nur etwas zu früh, nämlich in das erste Halbjahr 1511 ansetzt. Weil sich Baldung in der Inschrift des 1516 vollendeten Hochaltares im Münster „Gamundianus" nennt — die Heimat seiner Familie war Schwäbisch-Gmünd — und in einem Freiburger Rathsprotokoll „uff Montag nach cantate" (19. Mai) 1511 ein „Hans von Gmünd" vorkommt, soll der Straßburger Meister schon in diesem Jahre nach Freiburg verzogen sein (Meyers Künstlerlexikon II, 617 f.). Die Identität unseres Malers mit jenem „Hansen von Gmünd" ist aber durchaus unverbürgt, und ihr steht vor allem die Thatsache entgegen, dass Baldung nicht vor dem 14. Januar 1513 in den Rechnungen der Fabriksverwaltung des Münster auftritt. Für eine spätere Übersiedlung spricht nun ferner ein 1512 datierter Glasgemäldeentwurf in Coburg, der mit einer Gruppe anderer zeitverwandter Blätter, schon den Bestellern nach zu urtheilen, in Straßburg gemacht worden sein muss. Also erst im Laufe dieses Jahres (1512) wird sich Baldung in Freiburg niedergelassen haben, damals gewiss schon ein fertiger Meister, der seinem Namen den bedeutenden Auftrag des Hochaltars verdankte. Anfänge und Frühzeit des Künstlers liegen leider noch sehr im Dunkel. Einige Aufklärung bringen eine Anzahl der Coburger Zeichnungen, die, der Kargheit des Vergleichsmaterials ungeachtet, dem ersten Jahrzehnte des XVI. Jahrhunderts zugetheilt werden dürfen.

Das nachstehende Verzeichnis bespricht nach den angedeuteten Gesichtspunkten die einzelnen Blätter in der vermuthlichen Reihenfolge ihrer Entstehung. Da es sich in den meisten Fällen um eine Wahrscheinlichkeitsrechnung handelt und die Zeitansetzung auf Grund der Stilkritik nur mit annähernder Sicherheit erfolgen kann, gibt sich dieser Versuch „salvo errore et ommissione". Aber er schien methodisch geboten bei einem Verzeichnisse, das — im Sinne einer „Kunstgeschichte aus Kunstwerken" — zugleich zur Biographie des Künstlers einen Quellenbeitrag liefern will.

In den Beschreibungen wurden fehlende Tincturangaben aus der Literatur ergänzt, bei deren Zusammenstellung für jedes einzelne Wappen Herr Jos. Ludwig Klemme mich mit seiner umfassenden Fachkenntnis unterstützt hat: als Hauptquelle diente Conrad Grünenbergs Wappenbuch v. J. 1483 in der bekannten Ausgabe des Grafen Stillfried-Alcántara u. Ad. M. Hildebrandts, Görlitz 1875. — Die Bezeichnungen rechts und links sind im heraldischen Sinne genommen. — Die Maße sind in Centimetern angegeben, wobei das Höhenmaß voransteht.

Die Tafeln sind als Illustrationen gedacht, nicht als Publication; da die autotypische Vervielfältigung keine Facsimiles liefert. wurde durch eine entsprechende gewählte Druckfarbe der Gesammteindruck des betreffenden Originals nach Möglichkeit wiederzugeben gesucht.

— —

1. Johannes III. Füll, Abt von Schuttern.

Der viermal goldenroth getheilte Schild mit einem achtstrahligen Sterne im linken Oberecke steht, von Inful und Krummstab überragt, auf blauem Estrich. Um die spätgothischen Einfassungssäulen schlingen sich Hopfenranken. die oben über dem grünen Grund spalierartig zusammengebunden sind. Die Fransen an den Rückenbändern der Inful schwarz. Neben dem Stern im Schildhaupte: „stern blaw". Am Fuße, in Bühelers Schrift: „Johanes füll von gejspoltzh Apt zu Schuttern". Links unten in der Bildfläche, von derselben Hand, zwei kleine Skizzen der Helmzierde der Füll von Geispolzheim (in Profilstellung): goldenroth viermal getheilter Spitzhut. darauf ein achtstrahliger schwarzer Stern mit der Beischrift: „schwarz".

Feder, die Tinte vergilbt; Bühelers Zuthaten an der noch frischen Schwärze der Tinte erkenntlich. 32·8 × 25.

Die Patrizierfamilie der Füll (Fvll, Vill, Phvl) schrieb sich wie mehrere Geschlechtsgruppen mit dem gleichen Wappenbilde nach dem Dorfe Geispolzheim bei Straßburg. Nach Bühelers Osthausener Wappenbuche und seiner kleinodzeichnung auf unserem Blatte war der Stern, den sie als Beizeichen führte, schwarz; Baldung gibt ihn in Übereinstimmung mit der Abbildung in Hertzogs „Edelsasser Chronick" VI, S. 243, blau. — Johannes Füll regierte 1462- 1492 als 53. Abt. seines Namens der dritte. das bei Lahr in der Ortenau (Schwarzwald) gelegene Benediktinerkloster Schuttern, das ursprünglich Offonszell (Offonis cella) hieß. Die vorliegende Visierung wurde aber zweifellos erst nach seinem Tode. wohl noch im ersten Jahr-

2

zehnte des XVI. Jahrhunderts verfertigt, vielleicht für eine Folge von Abtsscheiben.
die den sogenannten Schutterhof in Straßburg, einen als Absteigequartier der Prälaten und Prioren dienenden Freihof, zu schmücken bestimmt war. Im Jahre
1512 malte Baldung für den Nachfolger Fülls, Johannes IV. Widel (1492—1518),
ein gegenwärtig in der Berliner Gallerie (Nr. 603) befindliches Tafelbild mit der
Darstellung der Kreuzigung. Abt Widel ist hier im rechten Untereck als Stifter in
kleiner Figur (mit auffallend großen Händen), hinter seinem Familienwappen kniend,
abgebildet. (Vgl. die Photographie d. Photogr. Gesellschaft, Nr. 117).

Siebmacher I, 195, 12. — Kindler v. Knobloch, Das goldene Buch von Straßburg, Her.-geneal. Zeitschr. der k. k. herald. Gesellschaft „Adler" XIV, 98. — F. J. Mone, Quellensammlung d. bad. Landesgeschichte, Bd. III, Chronik von Schuttern, S. 42, 56, 110, Anm., 131. Anm. Hier finden sich die Jahre 1466—1491 als Regierungszeit des Abtes Johannes III. angegeben; obige Daten dagegen im Abtsverzeichnisse von Schuttern, Freiburger Diöcesan-Archiv XIV, 162. — Ch. Schmidt, Straßburger Gassen- und Häusernamen im Mittelalter, 2. Aufl. 1888, S. 89, 152.

2. Stadt Straßburg.

Innerhalb eines Fünfpasses, dessen Zwickel mit Krabben ausgesetzt sind. ein
von drei Löwen gehaltener Halbrundschild, darin ein Schrägrechtsbalken. (Roth in
Silber.)

Feder, schwarzbraune Tinte; beschnitten. Tincturzeichen fehlen. 15 × 25·5.

Der Schrägrechtsbalken ist wohl das Abzeichen der Landgrafschaft Niederelsass;
da aber die ihn begleitenden Lilien fehlen, liegt es näher an eine verkehrte Orientierung des Straßburger Wappens — dessen Schrägbalken linkshin gerichtet ist —
zu denken. Vgl. w. u. Nr. 43 und Neuer Siebmacher I, 4. Abth. Tf. 14, S. 7.
Unbedeutende Skizze, fraglich ob Glasgemäldevorlage. Auch die Urheberschaft Baldungs erscheint nicht völlig gesichert, obschon die zwergpudelartigen Löwen mit ihrem grämlichen Ausdruck von der Auffassungsweise des
Künstlers genug besitzen, um seiner Jugendperiode zugetraut werden zu können.
Dass das Blatt nur in diese fallen kann, geht auch aus einer Federzeichnung von
anderer Hand, auf dessen Rückseite hervor, die eine adorierende Stifterfamilie in
kleinen Figuren darstellt: links der Vater mit fünf Söhnen, rechts die Mutter mit
drei erwachsenen Töchtern, sämmtlich in der charakteristischen spätgothischen Tracht
aus der Zeit um 1500.

3. Allianz: Roeder-Müllenheim.

I. In Roth ein goldenbewehrter silberner Adler, linkshin überzwerch gelegt
(Roeder von Diersburg). II. Eine silberne fünfblättrige Rose mit goldenen Butzen
im rothen, goldengerandeten Felde (Müllenheim). In der Mitte, über den beiden
gegeneinander gekehrten Schilden ein Spangenhelm, der das Kleinod des Mannswappens. einen Adlershals trägt. Links steht eine „wilde Frau", nackt, mit langem
abfliegendem Haare, die Rechte an den Helm gelegt, mit der Linken den Schooß
bedeckend. Der Grund rechts oben mit Tinte „fyelet" (violett) bezeichnet.

Feder, braune Tinte. Beschnitten; 20 × 17·8.

Das in Baden und im Großherzogthume Hessen noch blühende Freiherren-
geschlecht der Roeder zählte schon im 13. Jahrhunderte zu den hervorragendsten
der Ortenau. Seinen Beinamen führte es von der Herrschaft Diersburg bei Offenburg,
die es im 15. Jahrhunderte als Lehen erworben hatte. 1484 betheiligten sich die
Roeder an der Gründung des Ortenauer Ritterbundes, der später mit der reichs-
unmittelbaren schwäbischen Ritterschaft vereinigt wurde.

Die Müllenheim waren neben den Zorn die mächtigste und weitverbreitetste
Adelsfamilie des Elsasses: von ihren zahlreichen Linien, die über 60 verschiedene
Helmzierden führten, lebt heute allein noch die freiherrliche v. Müllenheim-Rechberg.
Vorliegende Allianz geht auf die Ehe Egenolphs Roeder v. Diersburg, der 1518
bis 1550 fünfzehn Mal Stättmeister von Straßburg gewesen, und der 1531 ver-
storbenen Salome, Tochter des Caspar v. Müllenheim, gen. Hildebrandt. Für die
Müllenheim hat Baldung wiederholt Wappenscheiben entworfen. Drei Blätter, die das
Coburger Cabinet 1876 mit den übrigen Wappenzeichnungen Baldungs auf die
Münchener Ausstellung geliehen hatte, sind augenblicklich in der Sammlung nicht
nachweisbar. Dagegen hat sich in der Serie der Albertina das Allianzwappen eines
Daniel von M. und seiner Gattin Barbara von Hohenstein erhalten (Grenser, Taf. XV).

Unser Entwurf mit seinen dürftigen unverstandenen Helmdecken und dem
gänzlich verzeichneten Acte der Schildhalterin nimmt sich beinahe wie eine Copie
nach einer Composition Baldungs aus; indes ist der Typus gerade der letzteren so
echt griechisch, dass man in dem geringen Blatte doch eine Handprobe des noch in
seiner ersten Entwicklung begriffenen Künstlers erblicken darf.

*Grünenberg, Bl. CL^b. — Hertzog VI, 258 ff. u. 273. — Siebmacher I. 120.
7 u. 192. 11. — Stammbuch d. deutsch. Adels III, 250 f. — Kneschke, Deutsches
Adelslexikon VII, 542 f. — Lehr, L'Alsace noble III, Paris 1870, 66 u. 373 squ.
— v. Müllenheim, Das alte Bethaus Allerheiligen zu Straßburg i. E. u. Regesten z.
Familiengeschichte d. Frhrn. v. M., Straßb. 1880. (Aus dem Bulletin d. l. soc. p. l.
conserv. d. monum. hist. d'Alsace.) — Knobloch, Her.-gen. Zeitschr. XV, 5 ff. u. 27 ff.*

4. Allianz: Markgraf Christof I. von Baden und Ottilia von Katzen-ellenbogen.

I. Geviert: 1 und 4 rechte Schrägbinde, roth in Gold (Baden), 2 und 3 von
Weiß und Roth sechzehnfach geschacht (Sponheim). II.: In Gold rother, blaugekrönter
Leopard (Katzenellenbogen). Helm: gekrönt, mit dem Sponheimer Pfauenwedel zwischen
einem goldenen und einem rothen Steinbockhorn (Baden und Hachberg). Decken
goldenroth. Bez. „Badenn".

5. Auf der Rückseite: dieselbe Allianz,

unter Hinzufügung des Katzenellenbogischen Helmes, auf dessen geschlossenem,
schwarzem Flug aber das Rund mit dem Schildbilde fehlt. Der Raum zwischen den
beiden Helmen „blo" bezeichnet.

Rundscheibenentwürfe, Feder, die Tinte vergilbt; beschnitten; $18 \cdot 5 \times 20 \cdot 5$.
Christoph I., Markgraf v. Baden (1453—1527), vermählte sich 1468 mit Ottilia
(1451—1417), Tochter Philipps d. j. aus dem nassauischen Grafengeschlechte der

Katzenellenbogen, dessen männliche Linie 1497 ausstarb. Christoph, einer der volksthümlichsten Regenten seines Landes und Stammvater des Baden-Baden'schen, wie des noch blühenden Baden-Durlacher Hauses, war ein besonderer Gönner Baldungs, der ihn, seine Gemahlin und deren fünfzehn Kinder, in Verehrung der „Anna selbdritt", auf einem in die Fürstenkapelle· des Klosters Lichtenthal bei Baden gestifteten Familiengemälde — heute in der Karlsruher Kunsthalle — porträtiert hat. Dem markgräflichen Paare sind hier seine Wappenschilde in großen Verhältnissen beigegeben. Ein 1515 datiertes Brustbild Christophs von Baldung besitzt die Münchner Pinakothek. Ein zweites (mit dem Baden-Sponheimischen Hauswappen) geht in der Karlsruher Sammlung unter Baldungs Namen, ist aber nur eine spätere Copie seines Holzschnittes von 1511. Mehrere Jahre früher — der Künstler hatte schon im ersten Decennium des XVI. Jahrhunderts Beziehungen zum badischen Hofe — dürften unsere, namentlich in der Zeichnung der leibarmen Löwen recht ungeschickten, Skizzen entstanden sein, die man nur als Gehilfenarbeit gelten lassen kann.

Grünenberg, Bl. VI u. LXXVI. — *Neuer Siebmacher I, 1. Abth., Tf. 76, 77, Text S. 37, und VI, 7. Abth., Tf. 3, Text S. 3.* — *Ulr. Friedr. Kopp, Über Entstehung der Wappen im Allgemeinen und des Badischen insbesondere, Anhang zu E. J. Leichtlein, Die Zähringer, Freiburg i. Br. 1831.* — *Zell, Gesch. u. Beschreibung d. Bad. Wappens, Karlsruhe 1858, S. 20 f.* — *W. Brambach, Das Badische Wappen, Karlsruhe 1889, S. 15.* — *Stiassny, Baldung-Studien II, Kunstchronik, N. F. VI, Sp. 99 ff.*

6. Bürgerliches Allianzwappen.

I. In Roth auf grünem Dreiberg ein blauer Schlüssel, Bart links und oben.
II. goldenroth gespalten, rechts ein Beil mit weißem Blatt, links eine Pflugschar mit weißer Schneide. — Die beiden gegeneinander gekehrten Schilde hält ein hinter ihnen stehender, roth-grün geflügelter Engel im Diaconengewande mit kreuzweise darüber gehängter Stola.

Feder, die Tinte vergilbt: $21\cdot5 \times 15\cdot5$.

Schwaches Blatt, anzusetzen um 1510; gleichzeitig mit den beiden, von Engeln gehaltenen Heiratswappen der Albertina (Grenser, Her.-gen. Zeitschr. VII, Taf. XVII u. XVIII) und einem vierten von ganz analoger Behandlung im Berliner Kupferstichcabinette. Die Wappen gehören höchstwahrscheinlich Straßburger oder Freiburger Bürgergeschlechtern an.

7. Fritz Schmitt von Reichshofen.

Im Tartschenschilde drei Hufeisen, 2 zu 1 gestellt, das untere von Hammer und Schere beseitet. Links hält den Schild eine von ihm abgekehrte Dame, in hoher Haube und ausgeschnittenem Kleide, einen Mantel über den Armen. Helm, Kleinod und Decken fehlen. Unten in Baldungs Handschrift: „Fritz Schmitt von rychsshofen".

Feder, die Tinte verblasst; stark beschnitten; $24\cdot5 \times 16\cdot5$.

Der Eigenthümer des Wappens, der sich nach dem Orte Reichshofen bei Wörth i. E. nannte, war wohl jener Friedrich Fabri von Richshofen, der 1513. dann 1517—1540 als Canonicus am Thomasstifte zu Straßburg erscheint und im letztgenannten Jahre in Heidelberg stirbt. Ein Jakob Fabri de Richshofen († 1520), Canonicus und Custos desselben Stiftes, war seit 1490 auch Rector der Kirche von Weyersheim, Baldungs Geburtsort. Eine Familie Richshoffer (Reichshofer, Reichshöfer, Richshofen), aus der im XVII. und XVIII. Jahrhunderte mehrere Ammeister hervorgegangen sind, blüht noch in Straßburg. Dieses Geschlecht führt im schwarz-golden getheilten Schilde drei Hufeisen. 2. 1 in verwechselten Farben und auf dem Spangenhelm einen Mannsrumpf mit Hut als Kleinod. — Die noch etwas alter-thümlich aufgefasste Schildhalterin unseres Entwurfes hat in der Zeichnung, namentlich der Hände, viele Ähnlichkeit mit dem Engel auf dem vorigen Blatte.

Baquol et Ristelhuber, L'Alsace ancienne et moderne, dictionnaire du haut et du bas Rhin, Straßbourg, 1865, pag. 365. — Elsässer Wappencodex (Handschrift), angeblich von dem Straßburger Miniaturmaler Friedrich Brentel, Vater (1580 bis 1651), im Nachlass Ferd. Reibers in Straßburg (Mittheil. Hrn. Conservators Ad. Seyboth). — Pastorius, Kurze Abhandlung von den Ammeistern der Stadt Straß-burg, Straßburg 1701, S. 200. — Bühelers Karlsruher Wappenbuch, Fortsetzung von Sahler (1786). „Wappenkunde", Jahrg. II (1894), S. 118, 121. 124 (hier trägt der Wappenschild der Richshofer einen Stechhelm mit einem goldenen Hufeisen als Kleinod). — Ch. Schmidt, Chapitre de St. Thomas, Strasbourg 1860, pag. 279 squ.

8. Ulrich, Herzog zu Württemberg.

Gevierter Schild. 1 in Gold drei schwarze Hirschstangen, querliegend (Alt-Württemberg), 2 von Gold und Schwarz gerautet (Teck), 3 in Blau die goldene Reichssturmfahne mit schwarzem Adler, schrägrechts liegend. 4 in Roth zwei goldene Barben, gegeneinander gekehrt (Mömpelgard). Zwei Helme: 1 gekrönt, darauf ein rothes, goldmontiertes Hifthorn, dessen Mundstück mit drei Straußfedern (roth-weiß-blau) besteckt ist (Württemberg); 2 Brackenkopf, golden-schwarz getheilt (Teck). Decken rothgolden. Zwischen den Helmen eine freischwebende Bandrolle mit den Initialen des Wahlspruches: „Ich habs im Sinn" (I H I S). Der Schild wird getragen von einem auf dem Boden rechtshin liegenden Jagdhunde.

Die Umrahmung bilden schlanke, verschlungene Baumstämme, deren Gezweige oben zu einem Rundbogen verknotet ist. Darüber das lebensvolle Bildchen einer Sauhatz in waldigem, durch Zäune eingehegtem Revier. Links durchbricht ein von den Hunden schon gefasster Keiler die Hecke, jenseits welcher ihn zwei Jäger erwarten, um ihn mit Spießen abzufangen. Rechts setzt ein berittener Weidmann in der Jagdtracht des Theuerdank, von der Meute umringt, einer Wildsau nach. Im Mittelgrund ein drittes Wildschwein, von zwei Hunden gestellt. In der Umrahmung stehen auf Baumästen zwei spießbewehrte Jäger, der zur Linken aus einer Kugel-flasche trinkend. In der Mitte unten die von Büheler beigefügte Bezeichnung: „Wirttenberg".

Feder, die Tinte verblasst. $29 \cdot 5 \times 20 \cdot 5$.

Lichtdruck in F. Warneckes Musterblätter für Künstler und Kunstgewerbe-treibende. Nr. 47.

Die von Warnecke nicht erkannte Persönlichkeit des Wappenherrn ergibt sich aus dem gemeldeten Wahlspruche. „Ich habs im Sinn", lateinisch „Stat animo", war eine der Devisen, die Herzog Ulrich zu Württemberg (1487—1550) in seiner ersten Zeit, von seinem Regierungsantritte 1503 bis zur Vertreibung durch den schwäbischen Bund im Jahre 1519, geführt hat. Auf die leidenschaftliche Jagdliebhaberei des Herzogs spielt offenbar das Kopfstück der Zeichnung an; zum Schildwächter ist sinnig der riesige, an seinem Halsbande aus goldenen Buckeln erkennbare Leibhund gewählt, den der fürstliche Nimrod selbst nachts an seinem Lager hatte. Unser Glaswappenentwurf, der an sich schon ein interessantes kleines Privataltertum darstellt, war vielleicht für eines der Jagdschlösser des prunkliebenden jungen Herzogs bestellt worden. Er gehört jedenfalls noch in das erste Jahrzehnt des XVI. Jahrhunderts und schließt sich dem Stile nach enge an das Pfellinger-Wappen der Albertina (Grenser, Tf. XIV) und das Brechter-Wappen, früher in der Sammlung Bürki, gegenwärtig in der Stadtbibliothek zu Bern (Warnecke, Musterblätter, Tf. 2), an, die beide gleichfalls in einer laubenartigen Umrahmung von noch spätgothischem Charakter stehen. Beim Besuche seiner überrheinischen Herrschaft Mömpelgard, auf seinen Kriegszügen und Reisen zu den Reichstagen kam Herzog Ulrich häufig an den Oberrhein. Durch seine Mutter, eine Tochter Simon Weckers IV., Grafen zu Zweibrücken-Bitsch, war er mit diesem Hause verwandt, für dessen Mitglieder Baldung wiederholt Wappenscheiben gezeichnet hat (vgl. w. u. Nr. 13). Bischof Wilhelm von Straßburg und Markgraf Philipp von Baden, der Sohn Christophs I., beide Gönner des Künstlers, waren Freunde des Herzogs. An der Gelegenheit zur Ertheilung des Auftrages, sei es persönlich, sei es durch einen Vertrauensmann, hat es also Ulrich nicht gefehlt.

Grünenberg, Bl. LI. — Neuer Siebmacher I, 1. Abth., Tf. 41, Text S. 24 f. — Christ. Friedr. Sattlers Gesch. d. Herzogthums Würtemberg unter der Regier. d. Herzoge, I, Ulm 1769, S. 94, u. III, 89. — Ludw. Friedr. Heyd, Ulr. Herz. zu Württemberg, Tübingen 1841—1844, I, 128 ff., u. III, 608. Anm. 86. — Chr. Fr. v. Staelin, Wirtembergische Gesch. III, Stuttgart 1856, S. 639, u. IV (1873), S. 475.

9. Nippenburg.

Im blauen Schild ein offener silberner Flug; auf dem Spangenhelm ein schildfarben gekleideter Weibsrumpf mit silbernen Flügen an Stelle der Arme und goldenen Haarflechten. Decken blausilbern.

Der Grund mit dem Röthel „roth" bezeichnet. Links oben die Aufschrift: „Nyppenburg".

Rundscheibe, Feder, die Tinte vergilbt; beschnitten. Durchmesser: 27·5.

Die Nippenburg erscheinen als württembergische und tübingische Vasallen zum erstenmale im XIII. Jahrhundert (1257). 1640 ist dieses altangesehene schwäbische Geschlecht erloschen; seinen Namen legten die Grafen von Bissingen dem ihrigen bei. Philipp v. Nippenburg wurde nicht schon im Ausgang des XV. Jahrhunderts, wie mehrfach angegeben, sondern erst als Haushofmeister Herzog Ulrichs am 13. Juni 1515 mit dem Erbschenkenamte von Württemberg belehnt. Möglicherweise war er der Besteller dieses und des folgenden Entwurfes. Auf der Hochzeit Ulrichs mit Sabina v. Bayern im Jahre 1511 werden unter den anwesenden Gästen übrigens auch die Ritter Wilhelm und Sebastian v. Nippenburg genannt; und ein Konrad war 1507 beim Eintritte Bischof Wilhelms in Straßburg.

Gränenberg, Bl. CXLVI[b]. — Siebmacher 1, 111, 1 (gibt ein späteres, vermehrtes Wappen des Geschlechtes; vergl. auch Supplement IV, 19). — Bucclini Germania sacra, Ulmae 1655 ff., II, b, 227; IV, 2. 500. — v. Meding, Nachrichten von adeligen Wappen III (1791), S. 461. — Gauhe, Adelslexikon, Leipzig 1740—1747, I, 1495. — Stammbuch des blühenden und abgestorbenen Adels in Deutschland, Regensburg 1865, III, 102. — E. H. Kneschke, Neues Allgem. Deutsches Adelslexikon, Bd. VI, Leipzig 1865, S. 516. — Hertzog, Edelsasser Chronik IV, 119. — Sattler, Gesch. d. Herzogth. Würt. etc. I, 187. — Heyd, Herzog Ulrich I, 136, 156.

10. Nippenburg.

Wappen wie vorige Nummer.

Tuschezeichnung mit der Rohrfeder, ganz verschnitten; 33·7 × 22·7. Obschon das Monogramm Baldungs ausnahmsweise fehlt, ist das kräftig behandelte Blatt, das jedenfalls später als die vorige Nummer entstanden ist, zuverlässig echt.

11. Mittelhausen.

Wappen: sechsmal goldenschwarz getheilt. Auf dem Spangenhelm ein wie der Schild gekleideter weiblicher Rumpf mit goldenen Flechten. Decken goldenschwarz. Bez. „Mitelhaußen".

Rundfensterentwurf. Feder, die Tinte verblasst. D. 27·3.

Geringes, aber echtes Blatt. Die Kleinodfigur — die auf anderen Abbildungen desselben Wappens eine hier fehlende Krone trägt — sehr ähnlich jener des Nippenburg-Wappens, Nr. 9.

Nach dem Dorfe Mittelhausen bei Brumat im Unterelsass schrieben sich mehrere Geschlechter, darunter ein in dem Flecken selbst ansässiges, das obiges Wappen führte. Diese schon im XII. Jahrhundert nachweisbaren Mittelhausen wurden als bischöfliche Lehensvasallen Hausgenossen in Straßburg; 1634 starben sie im Mannesstamme aus. Für welches Mitglied des Geschlechtes Baldung seinen Entwurf gezeichnet hat, bleibt, da jeder positive Anhalt fehlt, eine offene Frage. Ein Hans v. Mittelhausen, Oberschultheiß von Zabern, und Adolf werden 1507 beim Eintritte Bischof Wilhelms in Straßburg genannt. Hieronymus und Simon Wecker kommen 1533 im Regiment der Stadt vor. Ein Georg von Mittelhausen war mit Anna v. Weitersheim vermählt, deren Geschlechtswappen der oben erwähnte Scheibenriss des Germanischen Museums wiedergibt.

Gränenberg, Bl. CLXXX[b]. — Hertzog, a. a. O. IV, 264 und 291. — Kindler v. Knobloch, Vierteljahrsschrift f. Heraldik IX, 372. — Derselbe, Herald.-geneal. Zeitschrift XV, 3. — Deutscher Herold VIII, 117. — Baquol et Ristelhuber, Dictionnaire, pag. 268.

12. Ursula zum Treubel, Äbtissin von Niedermünster (Tafel I).

Im goldengerandeten schwarzen Schild ein silberner Zickzackbalken. Das Wappen steht zwischen den Beinen eines Kameels, das, eine Glocke um den Hals, mit einem Crucifix und Büchern beladen, nach rechts schreitet. Aus der Höhe stößt ein Raubvogel auf das Thier nieder. Der Grund „blo". Auf dem Fußstreifen, von Baldungs Hand: „vrssl zum trubel eptissen zu niedermünster XV ᶜ XII (1512)".

Rohrfederzeichnung, schwarzbraune Tinte; stark beschnitten; 26 $\times$ 17.

Nach dem Hause „zu dem Trübel" (Traube) am alten Weinmarkt in Straßburg nannte sich eine Linie des weitverbreiteten Geschlechtes der Gürtler. Ursula zum Treubel regierte 1475—1514 als drittletzte Vorsteherin das 1541 durch einen Brand zerstörte Prämonstratenserinnenkloster Neumünster am Fuße des Odilienberges bei Straßburg. In Wappen und Siegel führten dessen Äbtissinnen von altersher ein Kameel, an das sich folgende Legende knüpft: Ein elsässischer oder burgundischer Graf Hugo hatte von Karl d. Gr. eine Kreuzpartikel und andere aus dem hl. Lande stammende Reliquien erhalten, die er in ein eichenes, reich mit Edelsteinen verziertes Processionskreuz fassen ließ. In der Sorge, dem Schatze kein würdiger Hüter zu sein, beschloss er sich aber von ihm zu trennen und einen solchen durch eine Art Gottesurtheil zu finden. Er belud mit dem Kreuz ein Kameel, an dessen Höcker seine Gemahlin als Gegengewicht eine Bibel, ein Evangeliar und ein Missale befestigt hatte und um dessen Hals sie die Signalglocke hängte, deren sich der Graf als Heerführer zu bedienen pflegte. Von fünf Edelleuten begleitet, die sich von ihm führen ließen, trug nun das fromme Thier die kostbare Last von Ort zu Ort, um sie, nach einer kurzen Rast in dem elsässischen Dorfe St. Nabor, vor der Abtei Niedermünster — angeblich am 9. Juli 803 — abzusetzen. Thatsächlich besaß das Kloster ein romanisches Reliquienkreuz, dessen Fassung als eine Arbeit der kunstreichen Äbtissin des Nachbarklosters Hohenburg, Edelinde von Landsperg aus dem Jahre 1197 bezeichnet wurde. Nach der Auflassung Niedermünsters kam das Kreuz an den Bischof Johann v. Manderscheidt in Straßburg, der es 1580 den Jesuiten in Molsheim schenkte; von dort soll es erst in der Revolutionszeit verschwunden sein.

Das vorliegende Blatt trägt das früheste Datum der ganzen Folge: 1512. Mit dem spröden Motive der Wappensage hat sich der Künstler herzlich naiv abgefunden. Dem nicht nach der Natur copierten, sondern „aus der Tiefe des Gemüthes" geschöpften Kameel fehlt auch jede heraldische Dressur. Die etwas spießige, holzschnittartig raube Ausführung kommt zum Theil auf Rechnung des Materials, der Rohrfeder. Ähnliche Phantasiekameele auf einem neuerdings als Jugendwerk Baldungs angesprochenen Gemälde mit der „Anbetung der Könige" in der städtischen Sammlung zu Mainz (Lichtdruck im Repert. für Kunstwissenschaft XV. 288). Die nach dem Leben gemachte Detailstudie eines Dromedars im Karlsruher Skizzenbuche (in Rosenbergs Ausgabe nicht veröffentlicht) ist jedenfalls später.

Hertzog a. a. O. VI, 208. — Knobloch, Herald.-geneal. Zeitschrift XV, 58. — Ch. Schmidt, Gassen- und Häusernamen, S. 134, 191. — Jean Ruir, Sainctes antiquitez de la Vosge. Troyes 1625, pag. 178 squ. — Grandidier, Histoire de l'église de Strasbourg, Straßburg 1778, pag. 362 squ. — Golbéry et Schweighaeuser, Antiquités d'Alsace, Mulhouse 1828, II, 53. — Ch. Gérard, Les artistes d'Alsace,

I, Paris 1872, 92 sqq. — F. X. Kraus, Kunst und Alterthum in Elsass-Lothringen I, Straßburg 1876, S. 203 f.

13. Zweibrücken-Bitsch-Lichtenberg (Tafel II).

Gevierter Schild: 1 und 4 ein doppelschweifiger, blaubewehrter Löwe, roth in Gold (Zweibrücken). 2 und 3 rothgerändert, mit schwarzem Löwen in Silber (Lichtenberg). Auf dem Turnierhelm der Zweibrückner Löwe, nach rechts gewendet, zwischen zwei in Schwarz und Silber bemalten Federbüschen sitzend. Decken rothgolden.

Die rautenförmige Umrahmung wird aus vier durcheinander gesteckten, oben und unten sich überkreuzenden Ästen eines Obstbaumes gebildet.

Rechts oben in Bühelers Schrift: „Bütsch". Darüber, von der Hand Baldungs: „Lieber herr niclaus hie habt Ir die grosse der scheybenn". In der Mitte des Oberrandes der gleichfalls eigenhändige (fragmentierte) Vermerk: „Da sol neben im her opn.. (?)".

Feder, die Tinte bräunlich verblasst, stellenweise leicht angetuscht. Oben und unten flachbogig beschnitten. Tincturzeichen fehlen. Wasserzeichen des Papieres: hohe Krone. 35·3 × 28·5.

Im spätgothischen Geschmack anmuthig und zierlich gedachtes Blatt: trotz des etwas alterthümlichen Aussehens wegen der geistreichen Behandlung, namentlich der freien Zeichnung der Helmdecken, in das zweite Jahrzehnt des 16. Jahrhunderts, etwa 1510—1513, zu versetzen.

Die Herrschaft Bitsch im Lothringischen war 1297 durch einen Tauschvertrag zwischen dem Herzog Friedrich von Lothringen und dem Grafen Eberhard IV. von Zweibrücken an diese Linie des uralten Grafenhauses Saarbrücken gekommen. Ein Nachkomme Eberhards, Heinrich I. († 1453), erheiratete den größten Theil des Gebietes der unterelsässischen Dynasten von Ochsenstein, dessen Vetternsohn Simon Wecker IV. († 1508) die halbe Herrschaft Lichtenberg. Unser Scheibenriss war vielleicht für den Grafen Reinhardt zu Zweibrücken, Herrn zu Bitsch und Lichtenberg, Obervogt des Stiftes Straßburg (gest. 1532), bestimmt. „Herr Niklaus", den die gemeldete Aufschrift des Blattes apostrophiert, war weder der Glasmaler noch der Besteller, sondern vermuthlich ein Hausbeamter des Grafen, der die Zeichnung in Empfang zu nehmen hatte. Denn ein Graf Nicolaus ist in der Stammreihe des Hauses nicht nachweisbar.

Baldung hat für die Herren zu Bitsch und Lichtenberg mehrere Glaswappenentwürfe gearbeitet. Ein reich componiertes Blatt, auf dem das Wappen unausgeführt blieb, befindet sich in einem der sechs Handzeichnungenbände des verstorbenen Alt-Großrath Fr. Bürki in Bern, die, 1889 von der Schweizer Bundesregierung angekauft, vorläufig in der Berner Stadtbibliothek hinterlegt worden sind. Ein zweites Wappen desselben Geschlechtes mit dem von Büheler beigesetzten Monogramm des Meisters besaß, wie oben bemerkt, der Stuttgarter Kunsthändler G. Gutekunst. Eine Alliance Bitsch-Hanau in der Wappenserie der Albertina hat Grenser (a. a. O., Tafel II) veröffentlicht, im Texte S. 10 aber irrigerweise auf die erst 1549, also nach Baldungs Tode zustande gekommene Ehe des Wild- und Rheingrafen Thomas mit Juliana von Hanau-Münzenberg bezogen.

Grünenberg, Bl. LXXXIV. — Neuer Siebmacher II, 11. Abth., Tf. V, S. 6.
— Grote, Stammtafeln, Leipzig 1877, S. 153. — Stammbuch d. deutschen Adels I,
128; IV, 265. — Lehr, L'Alsace noble I, 63, 312. — Hertzog, a. a. O. V, 48 f. —
Lehmann, Urkundl. Geschichte der Grafschaft Hanau Lichtenberg, Mannheim 1865,
II, 355 ff. und Stammtaf. Nr. 4. — C. Schneider, Geschichte des Wild- und
Rheingräflichen Hauses, Kreuznach 1854, S. 154.

14. Caspar Ebelin (Tafel III).

Im silbernen Schild ein schwarzer Balken, oben von einem wachsenden rothen
Löwen begleitet, der auf dem umwulsteten Stechhelme wiederkehrt. Decken rothsilbern. Als Schildhalterin steht links eine junge Dame auf dem Rasen, in ver-
schnürtem, ausgeschnittenem Kleide mit gepufften Trichterärmeln, eine Gliederkette
um den Hals, auf dem Kopfe ein Federbarett, unter dem ihr Haar offen über die
rechte Schulter herabfällt. Rechts ein gestutztes Baumstämmchen auf gothischer Basis
als Einfassung. Rechts unten, neben dem Monogramm, von jüngerer Hand als der
Bühelers: „Caspar öbelin".

Feder, braune Tinte; im Schild ist zur besseren Raumvertheilung auch der
Unterkörper des Löwen vorgerissen. Die lichtbraune Lavierung der Schild- und
Kleinodfigur, wie der Oberseiten der Decken wohl spätere Zuthat. Stark beschnitten
(oben dreieckig). 25·5 × 23.

Die Ebel, Ebelin von Munoltzheim (Mundolsheim) waren ein altes, später zum
Adel gezähltes Straßburger Bürgergeschlecht, das anfangs des 18. Jahrhunderts erloschen ist. Büheler bringt im Osthausener Wappenbuch fünf verschiedene Wappen
desselben. Das vorliegende ist wohl identisch mit jenem, das Kaiser Maximilian dem
sonst nicht näher bekannten Inhaber, Caspar Ebelin 1514 erneuert hat. Nach der noch
etwas mageren Formgebung und knittrigen Gewandbehandlung, die mit dem gothischen Motive der Einfassung übereinstimmen, dürfte unser Blatt in den Beginn des
zweiten Jahrzehnts des 16. Jahrhunderts fallen. Aus derselben Zeit besitzen wir eine
Nachricht über Beziehungen eines Verwandten des Malers zu einem Mitgliede der
Familie Ebelin.

Georg „Übelin" (Georgius Maxillus), ein Straßburger Rechtsgelehrter, der 1530
als der letzte Propst von St. Arbogast starb, veranstaltete eine Ausgabe der latei-
nischen Prosaübersetzung der Odyssee von Aretin (Carolus Tortellius), die 1510 bei
Hans Schott in Straßburg erschien; sie ist einem Vetter Hans Baldungs, dem Doctor
des canonischen Rechtes, Hieronymus Baldung dem jüngeren gewidmet. der 1506
bis 1510 Professor in Freiburg war. 1510 als Rath in die österreichische Regierung
zu Ensisheim eintritt und seit 1527 als tirolischer Kanzler des römischen Königs
Ferdinand erscheint.

Hertzog V, 57. — Pastorius, Kurze Abhandlung v. d. Ammeistern der Stadt
Straßburg, S. 375. — D. Schöpflin, Alsatia illustrata II, Colmar 1761, pag. 642.
Knobloch, Herald.-gen. Zeitschr. XIV, 92. — J. B. Rietstap, Armorial général,
2. éd., Gouda 1884, I. 585. — Ch. Schmidt, Répertoire bibliographique Strasbourgeois,
Strassbourg 1893, II. pag. 14, Nr. 12.

15. Wilhelm III., Bischof von Straßburg, Graf von Honstein (Taf. IV).

Gevierter Schild: 1 Schrägrechtsbalken, Silber in Roth (Bisthum Straßburg).
2 und 3 von Roth und Silber sechszehnfach geschacht (Honstein), 4 Schrägbalken,
Silber in Roth, beiderseits von einem, mit je drei Lilien besetzten Faden begleitet
(Nieder-Elsass, früher von Werd). Auf dem gekrönten Spangenhelm das silbern-rothe
Zehnendergeweih der Honstein (Zwischenraum grün). Decken roth-silbern.

Der auf einem Fliesenboden, vor blauem Grunde stehende Schild wird von zwei
Löwen mit untergeschlagenen Schweifen gehalten. Die Umrahmung bilden zwei niedrige
Säulen mit Pfeileraufsätzen, die durch eine Archivolte verbunden sind. An dieser
ranken sich zwei Rebäste bogenförmig empor, auf denen neun Musikengel tutend,
lauteschlagend und trommelnd ihr Spiel treiben. Unter dem Schildfuße die Bezeichnung Bühelers: „Hundtsteynn".

Feder, die Tinte stark vergilbt; der Schild licht-, die linksseitigen Decken
dunkelbraun coloriert. 29·2 × 21·2.

Die Honstein waren ein thüringisches Grafengeschlecht, dessen Stammburg
im Harz, unfern der Reichsstadt Nordhausen stand, über die sie die Vogtei aus-
übten. Wilhelm I., der sechste Sohn des Grafen Ernst und seiner Gemahlin Margaretha, einer geborenen Reuss von Gera, betrat 1486 die geistliche Laufbahn als
Domprobst bei dem Stifte zum hl. Kreuze in Nordhausen, wurde Canonicus und
Domcustos zu Mainz und 1488 Rector der Akademie zu Erfurt. Am 9. October 1506
erfolgte seine Wahl zum Bischof von Straßburg. Mitfasten 1507 empfieng er im
Münster die bischöfliche Weihe und Confirmation durch den Erzbischof von Magde-
burg, Ernst Herzog von Sachsen, in Gegenwart Kaiser Maximilians und vieler
Fürsten und Herren. Der Act wurde seit 220 Jahren in Straßburg zum erstenmale
und daher mit besonderem, in ganz Deutschland Aufsehen erregenden Gepränge
begangen; eine schwache Vorstellung von ihm gibt ein wohl nicht viel später ver-
fertigter Holzschnitt, der sich in den von Pet. Wickram herausgegebenen „Sermones
et varij Tractatus Keisperspergij" (Straßburg, Grüninger, 1521) pag. XXXIII recto
findet. Der berühmte Domprediger hatte nämlich die Weiherede an den neugewählten
Bischof gehalten. Mit nicht geringerer Feierlichkeit vollzog sich der Einritt Wilhelms
in die Stadt am 4. October desselben Jahres; fast der gesammte elsässische und ein
großer Theil des übrigen südwestdeutschen Adels gaben ihm mit 630 Pferden das
Geleite. Der Bischof, der sich der Gunst dreier Kaiser, Maximilians I., Karls V. und
Ferdinands I., erfreute, dessen Regierung aber in die Sturmjahre der Reformation
fiel und daher nicht ungetrübt verlief, residierte in Elsass-Zabern, wo er am 29. Juni
1541 starb und im Chor der Collegialkirche beigesetzt wurde.

Baldung scheint von dem Kirchenfürsten mehrfach beschäftigt worden zu sein,
ohne aber den Charakter eines bischöflichen Hofmalers gehabt zu haben, wie Strobel.
Geschichte des Elsasses, 1843, III, S. 568 annimmt. Zu dieser Vermuthung gab
wohl ein von Baldung im Jahre 1538 gemaltes Bildnis des damaligen Domherrn und
späteren Bischofs Erasmus v. Limpurg Anlass, das sich einst im Thomascapital zu
Straßburg befand und neuerdings in die städtische Gemäldegallerie gekommen ist.

Ein der Fachliteratur entgangenes authentisches Bildnis Wilhelms III. von
Baldung enthält der Holzschnitt mit den sieben Sacramenten (Eisenmann
135). Diese bedeutende Composition in neun Feldern, auch in der technischen

Ausführung des Schnittes ein Meisterwerk, ziert den Titel des „Missale diocesis Argentinensis", Hagenau, Thom. Anshelm, 1520 (Abb., J. Weale, Catalogue of manuscripts and printed books exhibited at the music loan exhibition, London 1886, pag. 100). Auf der Sockelleiste, deren Mitte eine von dem Apostel Judas und dem Propheten Micheas gehaltene Schrifttafel einnimmt, kniet der bischöfliche Besteller des Buches in Mitra und Pluviale, mit seinem Wappen, vor der Madonna mit dem Kinde, der Patronin Straßburgs. (In dem Mittelbildchen darüber, der Andacht vor dem Crucifixe, ist in der Vordergrundsfigur links Markgraf Christoph von Baden zu erkennen.) — Ein anderes, gleichfalls bisher unbekanntes Portrait Wilhelms, ganze Figur im Ornate, mit Missale und Pedum in den Händen, bietet eine stellenweise überarbeitete, aber echte Federzeichnung Baldungs in der Albertina, auf der später die Jahreszahl 1534 und das Monogramm angebracht worden sind.

Grüninger in Straßburg veranstaltete 1516 einen Abdruck der grundlos Geiler zugeschriebenen Predigtensammlung „Das buch Granatapfel", für den Baldung die sechs Holzschnitte Burgkmairs aus der ersten Augsburger Ausgabe des Werkes von 1510 frei umcomponiert hat. (Eisenmann 83—88). Neu hinzugekommen ist ein Titelholzschnitt, der Geiler auf der Kanzel zeigt, innerhalb eines Renaissance-Passepartouts, in dessen oberer Querleiste zwei Engel das Straßburger Wappen und das Wappen des Bischofs Wilhelm von Honstein halten — letzteres, wie es auf einer Denkmünze von 1526 in der Straßburger Universitätsbibliothek abgebildet ist. Dieses nicht von Baldung entworfene Blatt stammt aus „Doctor Keiserspergs pater noster", Straßburg, Matth. Hupfuff, 1515 (Abb., Kristeller, Straßburger Bücherillustration, Leipzig 1888, Nr. 30).

Unser Scheibenriss besitzt durch den reizenden Kinderfries der Bekrönung selbständigen Bildwert. Mit Dürer und Altdorfer bildet Baldung ein Kleeblatt trefflicher Kindermaler unter den Altdeutschen. Eine besondere Vorliebe für die humoristische Darstellung von Engelkindern, die er durchaus weltlich, als richtige Renaissanceputten behandelt, bekundet der Straßburger im zweiten Decennium des 16. Jahrhunderts; später geberden sich seine Flügelknaben zuweilen etwas altklug und manierirt. Die Musikbübchen des vorliegenden Blattes haben nun eine so schlagende Ähnlichkeit mit den Trauerengeln des Sebastiansholzschnittes von 1512 (Eisenmann 69) und den ausgelassenen Jungen auf der zwar undatierten, aber zweifellos gleichzeitig entstandenen „Kinderaue" (Eisenmann 138), dass die Zeichnung mit größter Wahrscheinlichkeit demselben Jahre 1512 zugewiesen werden kann. Sie würde dann zur weiteren Bekräftigung der oben ausgesprochenen Ansicht dienen, dass Baldung Straßburg erst im Laufe dieses Jahres verlassen hat. Manches Einzelmotiv in Stellung und Haltung der kleinen Musikanten hat Baldung in dem Engelconcert auf der Mitteltafel des Freiburger Hochaltars (Krönung Marias) wieder verwendet.

Wappenrolle von Zürich, Nr. 267 (?). — Grünenberg, Bl. LXXXVI. — Neuer Siebmacher I, 5. Abth., Tf. 142, Text S. 86, und VI, 6. Abth., Tf. 47, Text S. 74. — Grote, Stammtafeln, S. 273, 485. — Jacobi Wimphelingi Catalogus Episcoporum Argentinensium, restituit J. Mich. Moscherosch, Argentorati 1660, pag. 119—124. — Hertzog IV, 115—121. — Bühlers Straßb. Chronik, Bulletin etc., II. série, XIII, 66 ff. — Lebr. Wilh. Heinr. Heydenreich, Historia des fürstl.*

Hauses Schwartzburg etc., Erfurt 1753, Anhang: Kürtze Genealogie etc. derer Grafen v. Hohnstein, S. 19. — P. Jovius, Gesch. d. Grafen v. Hohnstein, Smmlg. verm. Nachrichten z. Sächs. Gesch. X. Chemnitz 1775, S. 8. u. 125 ff. — L. G. Glöckler. Gesch. des Bisthums Straßburg II, Straßb., 1880. — F. W. Ebeling, Die deutschen Bischöfe bis Ende des XVI. Jahrhunderts, Leipzig 1858, II, 480. — L. Dacheux, Die ältesten Schriften Geilers v. Kaisersberg, Freiburg i. B. 1882, CV u. LI.

16. Derselbe.

Schild wie vorige Nummer. Drei Helme: 1 rother, mit silbernem Schräg-balken belegter Flug (Straßburg), 2 gekrönt, mit einem silbern-rothen Zehnender-geweihe (Honstein), 3 rothsilberne goldbordierte Mitra, darüber eine wachsende, gekrönte Jungfrau mit Ring und Blumenzweig in den Händen (Landgrafschaft Elsass).

Das Wappen steht unter einem von massiven Pfeilern getragenen Rundbogen, dessen Ansätze mit Delphinen maskiert sind. Zwischen dem Schlusssteine des Bogens und zwei auf den Pfeilern angebrachten Kettenständern hängen schwere Frucht-schnüre herab; auf diesen sitzen vier musicierende Flügelknaben, denen sich zwei kleinere Spielkameraden gesellt haben.

Röthelnotizen des Glasmalers: der Grund „rott", der Raum zwischen den beiden Hirschstangen des mittleren Kleinods blau, die Säulen grün und weiß. Unten neben dem Monogramme die Bezeichnung Bühelers: „Bischoff Wilhelm vonn Hundtsteyn".

Feder, die Tinte vergilbt; leicht angetuscht und hellbraun laviert. 38 × 32.

Das trocken und derb behandelte, in der Wirkung harte Blatt kann nur als gleichzeitige Copie einer Originalzeichnung Baldungs aus dem Beginn des zweiten Jahrzehnts des XVI. Jahrhunderts gelten. Die nämliche Anordnung von Putten auf Festons zeigt eine mit dem gefälschten Monogramme Baldungs versehene Helldunkel-zeichnung im großherzoglichen Kupferstichcabinette zu Karlsruhe, welche die „An-naselbdritt"-Gruppe in einer spätgothischen Halle darstellt; auch hier liegt nur eine alte Nachzeichnung einer Composition Baldungs vor. — Fruchtguirlanden als oberen Abschluss verwendet der Künstler noch auf dem Lucretia-Holzschnitt (Eisenmann 146) und auf dem Annenfenster von 1515 im Freiburger Münster.

17. Hans zur Mägdt (Tafel V).

Im schwarzen Tartschenschilde eine goldene Lilie, die auf dem als Kleinod dem Spangenhelm aufgestülpten Eisenhute wiederholt ist, hier an der Spitze mit einer weißen Straußenfeder besteckt. Decken schwarz-golden. Links als Schildhalter ein auf dem Grasboden stehender zottiger Löwe. Den rothen Grund umschließt eine einfache Rundbogenarcade (die rechtsseitige Säule „blo"). Auf den Capitellen der Säulen in den oberen Zwickeln stehen zwei junge Ritter in voller Rüstung, auf den Köpfen Federbarette, Lanzen in den Händen. In der Mitte unten: „hanns zur Mägdt". Auf der Rückseite althandschriftlich: „Das ist die lang vnnd breytte des Wappens".

Feder, die Tinte verblasst; 21·7 × 15·3.

Die zur Mägdt (Magd, Magdt, Magde, Megde) stammten aus Geudertheim im Unterelsass. Den Namen gab ihnen vermuthlich das Zeichen ihres Hauses in Straßburg (Maget = Jungfrau), wo sie schon im 13. Jahrhunderte Hausgenossen waren und 1341—1466 wiederholt in den Rath gewählt wurden. Die Persönlichkeit des Bestellers unseres Wappens, Hans zur Mägdt, ließ sich nicht ermitteln. Da jedoch das Rittergeschlecht 1522 schon ausstirbt, ist für seine Entstehung eine obere Zeitgrenze gegeben. Dem Stilcharakter nach fällt das leicht hingeworfene, graciöse Blatt wohl noch in das dritte Jahrfünft des Jahrhunderts.

Hertzog VI, 187. — Lehr, L'Alsace noble III, 424. — Knobloch, Her.-gen. Zeitschr. XIV, 128. — Ch. Schmidt, Gassen- und Häusernamen, S. 87, 130.

18. Allianz: Bernhard III., Graf von Eberstein, und Kunigunde, Gräfin von Sonnenberg (Tafel VI).

I. Eberstein: Im silbernen Schild eine rothe, fünfblättrige Rose mit blauen Butzen. Zwei Helme: 1 silberner Mannsrumpf mit federnbesteckter Inful, darauf das Schildbild; 2 silberne Büffelhörner mit der Ebersteinrose dazwischen, außen mit je sieben goldenen Lindenstäbchen besteckt. II. Sonnenberg: Geviert: 1 und 4 in Blau eine goldene Sonne auf schwarzem Dreiberg, 2 und 3 in Gold drei schreitende schwarze Leoparden (Waldburg). Helm goldgekrönt, mit offenem blauem Flug, davor die goldene Sonne auf schwarzem Dreiberg. Decken silbernroth und blaugolden.

Rechts eine wuchtige, mit Blattkranz und Fruchtschnur verzierte Balustersäule, um deren Sockel sich ein Laubzweig schlingt; links eine ähnliche Säule, nur in den Umrissen angelegt; der Grund blau. Den Säulenknäufen entwächst ein knorriger Astbogen, über dem eine Hirschjagd in einem Forste dargestellt ist. Rechts unter einem bärtigen Laubbaume ein das Hifthorn blasender Jäger, den Spieß an die Schulter gelehnt, einen Vorstehhund an der Leine; einen zweiten hält ein neben ihm knieender Rüdenknecht zurück. Oben ein von zwei anderen Bracken gehetzter, auf ein Fangnetz zusprengender Capitalhirsch, den ein Windhund schon an der Flanke gefasst hat.

Unter den Schilden, zu beiden Seiten des Monogrammes und wie dieses von der Hand Büh elers: „Ebersteyn" und „Sunnenberg". Die goldene Sonne des letzteren Geschlechtes ist auf der Helmzier irrigerweise „roth" bezeichnet. Neben der Ebersteinrose auf der Inful der Kleinodfigur „blo butz"; am Fußstreifen „Item eyn hirss Jagens zu wald" — diese beiden Notizen von Baldung.

Feder, mit Tusche und Sepia laviert. Wasserzeichen des Papieres: hohe Krone. 39·5 × 31.

Bernhard III. aus dem sagenberühmten Grafengeschlechte der schwäbischen Eberstein (1469—1526), vermählte sich 1494 mit Kunigunde, der Tochter Eberhards II., Grafen zu Sonnenberg, Truchsessen zu Waldburg (1482—1538). Nach dem Hingange seines Oheims, Bernhards des Alten (1502), vereinigte er vorübergehend alle Besitzungen seines Hauses. Als Vasall des Pfalzgrafen Philipp gerieth er im pfälzischen Erbfolgekrieg (1504) in die Reichsacht und verlor seine halbe Grafschaft, welche Kaiser Max dem Markgrafen Christoph von Baden verlieh. Durch einen Vertrag vom 10. August 1505 trat Bernhard zu diesem in das Verhältnis eines Lehensmannes und verpflichtete sich, gegen eine Reihe von Entschädigungen für sich und seine Nachkommen die Verwaltung der wieder vereinigten Grafschaft gemeinsam mit dem Hause Baden zu führen, in dessen alleinigen Besitz das Gebiet nach dem Erlöschen des Geschlechtes (1660) größtentheils fiel.

Bernhard III., dem die Zimmerische Chronik den Beinamen des Frommen gibt, war der Vater des Straßburger Domherrn. Bernhard IV. von Eberstein, von dessen Beziehungen zu Baldung weiter unten gelegentlich eines für ihn entworfenen Wappens unserer Folge (Nr. 29) die Rede sein wird. Der Künstler scheint aber schon den alten Grafen, den Schlossherrn von Neu-Eberstein im Murgthale bei Baden, und Freund seines Gönners, des Markgrafen Philipp gekannt zu haben. Das vorliegende Allianz- wappen seiner Eltern kann jedoch auch durch den jungen Domherrn Bernhard bestellt worden sein, der 1514 in Freiburg studierte und schon damals dem Maler des Hochaltars im Münster näher getreten sein mag. In einem Titelholzschnitt mit Johannes auf Pathmos, den Baldung um 1515 für die Officin Joh. Knoblouch's in Straßburg gezeichnet hatte — er gelangte zum erstenmale in den „Hymni de tempore et de sanctis" (1516) zur Verwendung — herrscht ein verwandter Mischstil von Spätgothik und Frührenaissance (vgl. Butsch, Die Bücherornamentik der Re- naissance, Leipz. 1878, Taf. 71). Von dem etwas überfüllten Mittelfelde und der derb naturalistischen Umrahmung hebt sich das mit freier Meisterschaft durchgeführte Kopfstück vortheilhaft ab. Auf einer 1517 datierten großen Rundzeichnung Baldungs im Berliner Cabinet, welche die Geschichte der Erkennung des echten Königssohnes nach der Erzählung der „Gesta Romanorum" darstellt, zeigt dieser letztere große Ähnlichkeit mit dem Rückenknecht unserer Jagdscene (vgl. die Abbildung in Lipp- manns „Zeichnungen alter Meister". Berlin 1882. Nr. 77 und bei Janitschek, Gesch. d. deutsch. Malerei, Berlin 1890. S. 409).

Über die Ebersteinische Wappensage, der Uhland den Stoff zu seiner be- kannten Ballade entnommen hat, vgl. Graeße, Geschlechts-, Namen- u. Wappen- sagen, Dresden 1876, S. 40, und L. F. v. Eberstein, Urkundl. Gesch. des reichs- ritterlichen Geschlechts Eberstein vom Eberstein auf der Rhön, 2. Aufl., Berlin 1889, I, 10 f. — Grünenberg, Bl. LXXVIII, LXXXIV^b u. CII. — Neuer Siebmacher I, 1. Abth., Tf. 41, S. 24 und 3. Abth., 1. Reihe, Tf. 143 u. 144, S. 65 f. — Krieg v. Hochfelden, Geschichte d. Grafen v. Eberstein in Schwaben, Carlsruhe 1836, S. 10, 125, 298 f. — F. v. Weech, Badische Geschichte, Carlsruhe 1890, S. 107. — J. Vochezer, Gesch. d. fürstl. Hauses Waldburg, Kempten 1888, S. 625 f. — Stammtafeln des mediatisierten Hauses Waldburg, herausg. vom Verein der deutsch. Standesherren 1892, Tf. IV. — Dacheux, Älteste Schriften Geilers, pag. CXXIII ff. — Ch. Schmidt, Répertoire bibl. Strassbourgeois I, 60, Nr. 152.

19. Nikolaus Ziegler, Herr zu Barr, kais. Secretarius (Tafel VII).

Gevierter Schild: 1 und 4 in Schwarz zwei goldene Balken, 2 und 3 ein schwarzer Löwe in Gold. Auf dem gekrönten Spangenhelm ein schwarzer Löwe, wachsend. Decken schwarzgolden. Als Schildhalter steht links auf dem Rasen vor blauem Grund ein Hellebardier in Sturmhaube und rothem Wappenrock, die Linke am Schwertknauf. Ein von zwei kurzen Säulen getragener, rosettenbesetzter Rund- bogen umrahmt das Ganze. Oben in den Zwickeln zwei Ringerpaare vor leicht skizzierter Landschaft. Auf der Basis der eigenhändige Vermerk Baldungs: „Niclaûs ziegeler herr zu barr 1515 Jar Item ejn ryngers von bossen [7]) vnd j landsknecht mit eynem Wapenrock".

Das Mittelfeld wurde, wie die stehengebliebenen Pentimenti des alten Rundbogens zeigen, nachträglich überhöht. Die unrichtigen Tincturen der Felder 1 und 4 (Schwarz und Weiß) und. dem Anscheine nach, auch die Antuschung der Figuren spätere Zuthat.

Feder, die Tinte gelblich verblasst. $40 \cdot 7 \times 30$.

Nikolaus Ziegler war der Abkömmling einer aus Dornheim nach Nördlingen eingewanderten Familie. Schon sein von Kaiser Friedrich III. geadelter Vater Friedrich Ziegler, seit 1496 Münzwardein zu Nördlingen, dürfte das obige Wappen geführt haben. Ein Bruder, Friedrich Paul Ziegler von Ziegelberg, war 1503—1541 Bischof von Chur. Nikolaus erscheint in den Neunzigerjahren des XV. Jahrhunderts als Secretair des römischen Königs, in der letzten Regierungsperiode Maximilians als der Leiter der kaiserlichen Hofkanzlei. Auf die damals in Fluss befindliche Neugestaltung der deutschen Schriftsprache nahm er durch die zahlreichen, von ihm ausgefertigten Urkunden einen bestimmenden Einfluss. Am 21. Mai 1515, also gerade im Entstehungsjahre unseres Wappens, wurde er vom Kaiser mit der Herrschaft Barr im Unterelsass und den umliegenden Ortschaften belehnt — einem Gebiete, das nach der Beendigung der Pfälzerfehde (1506) an das Haus Österreich gefallen war. Für die Bürger eines dieser Dörfer, Heiligenstein, entwarf Baldung 1516 eine in das Berliner Cabinet gelangte Glasgemäldevisierung, die das redende Wappen des Ortes. einen Felsen, beschützt von Johannes dem Täufer. zeigt. 1518, beim Regierungsantritte Karls V., wurde für Ziegler auf Betreiben des Erzreichskanzlers, des Kurfürsten Albrechts von Mainz, das neue Amt eines Vicekanzlers geschaffen. Am 20. Januar 1522 verlieh der Kaiser Ziegler das bisherige Lehen als freies Eigen. Vom 15. April desselben Jahres datiert der von Karl V. in Brüssel ausgestellte „Pannerherrenbrief", durch den der Reichsvicekanzler und Landvogt in Ober- und Niederschwaben, Ziegler, mit dem Prädicate „Edler und Wohlgeborener Herr zu Barr" in den erblichen Freiherrnstand erhoben wurde. Das Concept dieses Diplomes wird mit anderen Reichsacten gegenwärtig im k. k. Adelsarchiv zu Wien bewahrt. Schon im Jahre 1522 also, nicht 1523, wie die Zeitschrift für Geschichte des Oberrheins, N. F. IV. 398, angibt, erfolgte die officielle Standeserhöhung Zieglers. Von einer Wappen-Vermehrung oder -Änderung ist in dem langathmigen. aber inhaltsleeren Documente nicht die Rede. Vermuthlich dürfte aber eine solche bei diesem Anlasse doch ertheilt worden sein. Wenigstens liegt in einem zweiten

---

[7]) „Bosse" gleichbedeutend mit Form, Entwurf, dann mit Zierat, Beiwerk, und im übertragenen Sinne mit „bossirten", „in den possen gestellten" Figuren, die als solches dienten. In Stumpfs Schweizerchronik (Zürich, Froschauer, 1548) heißt es S. 669 b: „neben ieglichem wappen und ehrenzeichen waren zween bossen (Bern hatte zwei bären, Zürich zwei löwen)". Vgl. Grimm, Deutsches Wörterbuch II, Sp. 261 f. — Auf einem Scheibenrisse der Berner Stadtbibliothek (früher in der Sammlung Bürki), den Warnecke, Musterblätter, Tf. IV irrthümlicherweise als Composition Baldungs veröffentlicht hat — das Blatt ist Schweizer Arbeit — flankieren zwei Landsknechte als Schildhalter das gräflich Fürstenbergische Wappen. Eine Unterschrift des Künstlers besagt: „Item in dißes Spatium Fürstenberg mit zweyen stonden bossen mit helbeharten in zerhowen kleydern".

Entwurfe Baldungs zu einem Zieglerischen Fenster im Karlsruher Skizzenbuch (Rosenberg. Taf. 44) ein verschiedenes Wappen vor, das seinerseits, wie das Coburger, sowohl von der Abbildung in Hertzogs Edelsasser Chronik V. 132, als auch von der bei Siebmacher I, 30 gegebenen abweicht. Hier zeigen die Felder 1 und 4 in Gold einen schwarzen, rückwärts sehenden Löwen, 2 und 3 eine fünfmalige Theilung von Gold und Schwarz.

Nikolaus Ziegler, der eine Barbara Hörnlein aus Augsburg zur Frau hatte, starb 1534; sein Grabstein ist in der Martinskirche zu Barr noch erhalten. Seine Söhne Maximilian und Friedrich († 1583) erbten zu halben Theilen die Herrschaft Barr und gemeinsam das Oberschultheißamt von Oberehuheim. Beides verkauften sie in den Jahren 1566 und 1567 der Stadt Straßburg, wo ihre Schwester Sibylla 1546 sich mit dem obenerwähnten Bernhard IV. v. Eberstein, der aus dem geistlichen Stande ausgetreten war, vermählte; nach dessen Ableben heiratete sie in zweiter Ehe einen 1585 verstorbenen David Johann v. Mundolsheim.

Auch als Kunstfreund hat sich Ziegler einen Namen gemacht. In der St. Georgskirche seiner Vaterstadt Nördlingen erbaute er in den Jahren 1512—1519 eine Familienkapelle. Diese barg vormals den sogenannten Zieglerischen Altar, das 1521 entstandene Hauptwerk Hans Schaeufeleins. Heute hängt nur das Mittelbild mit den feststehenden Flügeln in der Taufkapelle der Kirche, während die beweglichen Flügel der Rathhaussammlung einverleibt wurden. In demselben Jahre, 1521, beabsichtigte Ziegler im Hofe eines seiner beiden Häuser in Nördlingen eine zweite Kapelle zu errichten, um darin ein aus den Niederlanden mitgebrachtes prächtiges Grabmal aufstellen zu lassen; der Rath verweigerte aber dem berühmten Mitbürger die Erlaubnis. Wahrscheinlich stammte dieses Monument aus Brüssel, wo der Vicekanzler im Gefolge Kaiser Karls 1520 und 1521 geweilt hat. Dort war ihm Dürer während seiner Reise in die Niederlande, wie er in dem Tagebuche derselben erzählt, zweimal begegnet. Das erstemal, im August 1520, verehrte er dem hochmögenden Herrn „einen todten Christum, ist 3 fl. wert" und im Herbste desselben Jahres dessen Diener Linhart Kunstblätter für 2 fl.; das zweitemal, auf der Heimreise, im Juli 1521, war er der Tischgast des Kanzlers, dem er die Bestätigung der ihm von Kaiser Maximilian gewährten Begnadungen — bekanntlich der eigentliche Zweck der Reise — wohl mitzudanken hatte.

Von Interesse ist die Umrahmung des Wappens als eine der frühesten Zeugnisse des neuen Stiles bei Baldung. Während er in der Bekrönung des in demselben Jahre 1515 entstandenen Annenfensters in der Alexanderkapelle des Freiburger Münsters und in der Titelbordure mit Kaiser Max (Eisenmann 150), die er 1514, für den ersten Theil der „Opera Joannis Gerson", Straßburg. Knoblouch gezeichnet hatte, einen verworrenen Reichthum von Renaissancemotiven entfaltet — „welsch diug" nennt er sie auf der Zieglerischen Glasgemäldeskizze in Karlsruhe — greift er mit dieser schlichten rundbogigen Thüröffnung augenscheinlich auf romanische Portalmuster seiner Heimat zurück. Unter den nordischen Malern der Zeit war bekanntlich der Glaube viel verbreitet, die italienischen Architekten seien analog verfahren.

Knobloch, Her.-gen. Zeitschr. XIV, 78, u. XV. 79. — *Rietstap, Armorial général II (Gouda 1887). pag. 1143.* — *D. E. Beyschlag, Beiträge zur Nörd-*

lingischen Geschlechtshistorie I. (Nördlingen 1801), S. 26, 64, 93. — J. Gyss,
Histoire de la ville d'Obernai, Strassb. 1866, I, 353 squ. — G. Secliger, Erzkanzler
und Reichskanzleien, Innsbruck 1889, S. 90 ff. — Kluge, Von Luther bis Lessing.
Straßburg 1888, S. 27. — Kraus, Kunst und Alterthum I, 22. — Christ. Mayer,
Die Stadt Nördlingen, ebenda 1876, S. 190, 205. — Waagen, Kunstwerke und
Künstler in Deutschland I, Leipzig 1843, S. 349. — R. Muther, Gesammelte
Aufsätze z. Kunstgesch. (Festgabe für Ant. Springer). Leipzig 1885, S. 169 ff. —
Ulr. Thieme, H. Schaeufeleins malerische Thätigkeit, Leipzig 1892, S. 115 ff. —
A. Dürers Tagebuch der Reise in die Niederlande, herausg. von Fr. Leitschuh,
Leipzig 1884, S. 63. 66, 92, 133 f.

20. Kaiserliches Wappen.

Zwei Greifen in Seitenansicht halten den von der Kette des Goldenen Vließes
eingeschlossenen goldenen Reichsschild mit dem schwarzen Doppeladler unter der
Kaiserkrone.

Feder, die Tinte vergilbt; beschnitten und wasserfleckig. $25 \cdot 5 \times 23$.

Die Gelegenheit zum Entwurf eines Kaiserwappens dürfte sich Baldung öfter
geboten haben. Mit den 1511 und 1512 von der kaiserlichen Familie in den Hoch-
chor des Freiburger Münsters gestifteten drei Wappenfenstern, die noch erhalten
sind, hat der vorliegende Riss nichts zu schaffen. Gleichwohl spricht manches dafür,
dass er dem Freiburger Aufenthalt des Künstlers seine Entstehung verdankte. In
Freiburg hatte dieser nämlich nicht nur das unter der vorigen Nummer besprochene
Wappen des kais. Secretarius Ziegler gezeichnet, sondern auch für einen zweiten
hohen Staatsbeamten, den Hofkanzler Conrad Stürzel — in dessen Hause Maximilian
bei seiner letzten Anwesenheit in Freiburg, 1510, gewohnt hatte — ein Fenster entworfen, das heute noch in alter Farbenpracht die Stürzelkapelle des Münsterchors
schmückt. In Freiburg hatte er überdies im unmittelbaren Auftrage des kaiserlichen
Kunstherrn dessen „Gebetbuch", und zwar den das „Besançoner Diurnal" benannten
Theil, mit Randzeichnungen verziert — ein Auftrag, der ihm, nebenbei bemerkt,
wohl durch den in Freiburg ansässigen Hofhistoriographen Maximilians, Dr. Jakob
Mennel (alias Manlius), ehedem Stadtschreiber, damals kais. Rath und Kanzler
des Johanniterordens für Deutschland, zugegangen sein wird.

Ein Porträt des hochbetagten Kaisers im Karlsruher Skizzenbuch (Rosenberg.
Tafel I) ist keine Aufnahme nach dem Leben. Die Jahreszahl 1507, die das Blatt
trägt, ist offenbar von Bübeler beigesetzt, der in seiner Chronik berichtet, dass
Maximilian gelegentlich der Bischofsweihe Wilhelms von Honstein eben in diesem
Jahre in Straßburg geweilt hat. Auch ein Bildnis Karls V., mit der Datierung 1536
enthält das Skizzenbuch (Rosenberg, Taf. II). In der Zeitschrift f. bildende Kunst
1889, S. 290. habe ich es als Vorlage zu einem mir damals nur als Einzelblatt
bekannt gewordenen Holzschnitt nachgewiesen. Dieser erschien aber als Illustration
eines Berichtes über die italienischen Kriegshändel Kaiser Karls von Heinrich v.
Eppendorf, der dem Schriftchen „Römischer Historien Bekürtzung" (Straßburg,
Hans Schott, 1536) angehängt ist.

Neuer Siebmacher I, 1, Abth., Tf. 1, Text S. 5. — Jahrbuch d. kunsthistor.
Smlgn. des ah. Kaiserhauses IV, 79 ff. — v. Eisengrein, Kaiser Maximilian und

seine Beziehungen zu Freiburg, Zeitschrift „Schau-ins-Land" X, 40—57. —
Stiassny, Baldung-Studien III, Kunstchronik, N. F. VI, 308 ff. — Ch. Schmidt,
Répertoire II, 60, Nr. 135.

21. Itelhans von Rechburg, bischöflicher Kanzler.

Im blauen Schild ein quer rechtshin liegendes silbernes Rehgeweih. Auf dem
Stechhelm eine blaugekleidete, gezöpfte Jungfrau, wachsend, die Arme unter der
Brust gekreuzt. Decken blausilbern. Rechts hält den Schild die Madonna, als Bürgers-
frau mit einem weißen Kopftuch und kurzem Schulternüberwurf angethan, das
Jesuskind auf dem Arme.

Auf den Capitellen der oberwärts schräg gerieften Einfassungssäulen zwei kleine
Engel, eine kielbogig abgeschlossene Schrifttafel haltend, auf der ein Vers aus
Virgils Eclogen (I, 3) in Renaissance-Capitalen angebracht ist: „Nos Patrie Fines
Et Dulcia Liquimus Arva"; darunter: MDXVI.

Grasboden; der Hintergrund „rott"; auf der Säule neben Maria: „lybfrou"
(U. l. Frau). Tincturzeichen fehlen.

Feder, die Tinte vergilbt: 28·5 × 21·3.

Die Rechburger (von Rechburg) waren ein Basler Geschlecht. Der Sohn des
1500 als Vogt von Klingenau verstorbenen Lupolt von Rechburg, Itelhans, Doctor
der Rechte, wanderte nach Straßburg aus, heiratete eine Wolschlagerin und wurde
Kanzler Bischofs Wilhelm III., als welcher er 1537 starb. Als Besteller des un-
bezeichneten Scheibenrisses wird er durch den classischen Wahlspruch beglaubigt,
der offenbar auf seine Herkunft aus der Fremde anspielt. Die Darstellung des Wappens selbst, dessen Bestimmung ich Herrn Oberstlieutenant Kindler v. Knobloch verdanke, weist anderen Abbildungen gegenüber nicht unwesentliche Änderungen auf.
In diesen steht das Geweih aufrecht im goldengerandeten Schild, und die als Rumpf,
nicht in halber Figur gegebene Jungfrau auf dem Helm erscheint bekränzt. Unser
Blatt ist übrigens auffällig geschmacklos componiert und gering in
der Durchführung. Namentlich die klobigen, verwachsenen Flügelknaben,
welche die übergroße Schrifttafel tragen, würde man dem Künstler im Vollendungs-
jahre des Freiburger Hochaltars (1516), aus dem die Zeichnung datiert, nicht
zugetraut haben. Anderes wieder, vor allem die Gestalt Mariens, entspricht zu
sehr seiner Art, als dass man die Eigenhändigkeit bezweifeln könnte.

Hertzog VI, 277. — Christian Wurstisen, Bassler Chronik, Basel 1765, VIII,
685. — Siebmacher I, 195, 6. — Knobloch, Her. gen. Zeitschr. XV, 21. — Rietstap,
Armorial général II, 533.

22. von Rechburg.

Wappen wie vorige Nummer. Der Schild blau, das Gehörn weiß bezeichnet.
Neben der Kleinodfigur: „(b)rust blo, laz wyß". Ohne Schildhalter.

Feder, bräunlich verblasste Tinte; stark beschnitten: 20 × 12·5.

23. Allianz: von Gemmingen.

I. In Blau zwei goldene Balken (von Gemmingen). II. In Blau ein mit drei
Lilien besetzter goldener Schrägrechtsbalken.

3*

Als Wappenhalterin steht zwischen den beiden Schilden eine Art „wilder Frau", nackt, aber unbehaart, nach links gewendet, ein Kind auf dem Arm, für das offenbar das nämliche Modell wie für das Christkind auf dem Rechburger-Wappen (Nr. 21) benützt wurde.

Feder, die Tinte vergilbt; stark beschnitten; 17 5 × 16.

Unbedeutendes Blatt, an dem die Autorschaft Baldungs wie bei Nr. 21 nicht völlig gesichert erscheint. Das noch blühende Geschlecht der Freiherren von Gemmingen, zum Kraichgauer Uradel gehörig, war in Schwaben, Franken und den Rheinlanden begütert. Da sich das Frauenwappen der vorliegenden Allianz nicht ermitteln ließ, musste auch auf die Feststellung des Wappenträgers verzichtet werden. Das Wappen eines Bernhard von Gemmingen zu Tiefenbronn (vom 6. Juli 1597) findet sich in einem interessanten, 1581 angelegten Stammbuche des Johann Christoph Baldung von Loewen, das Herr Hofwappenmaler Ernst Krahl in Wien besitzt.

Wappenrolle von Zürich, Nr. 529. — Grünenberg, Tf. CXLVII[b] u. CLXI[b]. — Neuer Siebmacher II, 1. Abth., Tf. 33, S. 36. 5. Abth., Tf. 8, S. 7, und 7. Abth., Tf. 8, S. 8. — Stammbuch des deutschen Adels II, 18. — Kneschke, Adelslexikon III, 479. — Becke-Klüchtzner, Stammtafeln des Adels des Großherzogth. Baden, Baden-Baden 1886, S. 145 ff. — Bericht über die herald. Ausstellung des Vereins „Adler" 1878 (Wien 1881), S. 81 f.

24. Wappen eines Sattlers.

Innerhalb eines aus zwei concentrischen Kreisen gebildeten Rundes ein leerer Schild, umgeben von vier Medaillons, die Scenen aus der Thätigkeit der Sattler und Stallknechte enthalten. I (Unten): Ein Sattler hämmert in der Werkstatt an einem Sattelgestell, ein zweiter streicht ein solches an; auf dem Boden vorne der Tünchertopf und Werkzeuge. II (Links): Einem nach rechts gewendeten gezäumten Reitpferde setzt ein hinter ihm stehender Stallknecht einen Sattel auf. III. (Rechts): Ein angeschirrtes Wagenpferd wird von einem Stallknecht aufgezäumt. IV (Oben): Ein Stallknecht legt demselben Pferde das Kummet an.

Feder, schwarze Tinte; nahezu quadratisch beschnitten; 27 × 27·6.

Der Entwurf, dessen Schild unausgeführt blieb, war für die Privatscheibe eines Sattlers bestimmt, nicht für eine Zunftscheibe. Die Sattler bildeten im XVI. Jahrhunderte kaum irgendwo ein eigenes Handwerk; in Straßburg dienten sie bei den Gerbern. Auch der von Grenser, a. a. O., Tf. XIX als Wappen der Straßburger Metzgerzunft veröffentlichte Scheibenriss gibt nicht dieses, sondern ein unbekanntes Bürgerwappen wieder. Im Jahre 1515 hatte Baldung für die Freiburger Innungen im Münster Zunftschilde gemalt, die sich aber nicht erhalten haben. Die Nachricht ist jedoch immerhin bemerkenswert, weil sie beweist, dass der Künstler trotz der veränderten Zeitanschauung es nicht unter seiner Würde fand, richtiges „Schilterwerk" im Sinne der mittelalterlichen Wappenmaler zu besorgen. Unsere Zeichnung fällt mit ihrer reifen Formgebung und zarten Federführung wohl etwas später, in das vorgerückte zweite Jahrzehnt des XVI. Jahrhunderts. Mit dem Karrengaul auf Baldungs Kupferstiche „Der Stallknecht" [Meyers Künstlerlexikon II, 630, a) 2], der zweifellos angeregt von Dürers „Kleinem Pferde" aus dem Jahre 1505 (Bartsch 96) noch im ersten Jahrzehnte des XVI. Jahrhunderts entstanden ist, zeigt das Pferd im Medaillon Nr. III eine gewisse äußerliche Ähnlichkeit, die aber für die Datierung nicht ausschlaggebend sein kann.

F. C. Heitz, Zunftwesen in Straßburg, ebd. 1856, S. 41. — H. Schreiber, Das Münster zu Freiburg in Br., Denkm. deutscher Baukunst d. Mittlalters am Oberrhein, Heft 2, 1876, Beilagen, S. 23. — Marmon, U. L. Frauen Münster zu Freiburg i. Br., 1878, S. 94.

25. Brechter (Prechter) (Tafel VIII).

Im silbernen Schilde drei schwarze, ins Schächerkreuz gestellte Steinbockhörner, die auf dem offenen weißen Fluge des umwulsteten Stechhelmes wiederholt sind. Decken schwarzsilbern. Links hält die Tartsche eine von ihr abgekehrt stehende Frau in ausgeschnittenem rothem Hauskleide und „Sturz" mit Schleier. eine Kette um den Hals. Unter dem Schildfuße: „Brechter". Auf der Basis eine zweizeilige Bemerkung Baldungs: „In dyss eyn wybly mit einem buosch vnd eyn frenkischen rock anhaben In das gehuss etwas von bulschafft . . . hierauss sehen" [8]). Daneben die Skizze eines in bezeichneter Richtung blickenden Frauenköpfchens. Farbennotizen fehlen.

Feder, das Wappen in stark verblasster Tinte, die vielleicht zu anderer Zeit hinzugefügte Schildwächterin in solcher von noch frischer Schwärze; scharf beschnitten; 26 × 15·2.

Von der abgeschnittenen Umrahmung. dem „gehuss". hat sich das Kopfstück — darin „etwas von bulschafft" — erhalten. doch wurde es nicht als dazugehörig erkannt und daher getrennt aufgezogen; unsere Tafel zeigt es mit dem Mittelstücke wieder vereinigt.

Die feine, mit leichter, sicherer Hand entworfene Federzeichnung stellt eine Unterhaltung im Freien dar. Vor einem Gehölze sitzt rechts ein Liebespaar, dessen Köpfe ein hinter ihm stehender Mönch (?) unter spöttischem Lächeln zusammenlegt. Gegenüber lagert ein Jüngling zu Füßen einer Dame, die einen Trinkbecher an den Mund setzt; eine zweite Schöne hinter ihm kraut, vornübergebeugt, in seinen Haaren; weiter zurück ein kosendes Pärchen.

Unter diesem Kopfstücke sind noch die Capitelle der abgeschnittenen Seitenpfeiler zu sehen, die in Nischen die Rundfigürchen eines Centauren und Simons als Löwenbezwingers enthalten. Dieselben plastischen Ziermotive hat Baldung in der phantastischen Renaissancearchitektur eines Gemäldes mit der Darstellung des Stephansmartyriums in der Berliner Galerie verwendet. Das Bild trägt das Datum 1522.

In die nämliche Zeit. 1520—1525, mag das vorliegende Blatt fallen. Es gibt das Stammwappen der ursprünglich Hagenauischen, seit dem letzten Viertel des XV. Jahr-

---

[8]) „Buosch" = Haarbusch, über den die Schildhalterin aber eine Haube trägt, die sie als verheiratete Frau kennzeichnet; diese Kopfbedeckung kommt nach 1520 allmählich aus der Mode (Falke, Trachten- und Modewelt II, Leipzig 1858, S. 65). — „Gehuß" (Gehäuse) = Behälter, im weiteren Sinne jeder geschlossene Raum, eine stehende Bezeichnung der Zeit auch für architektonische Umrahmungen. Bekannte Beispiele: Dürers Hieronymus „im geheuss" und Holbeins Erasmus „im ghüs". — Für das Kopfstück eines Wappens in der Albertina (Grenser, Tf. IX) merkt Baldung vor: „Kindlin in diß gehuß".

hunderts aber in Straßburg ansässigen Kaufherrenfamilie Brechter wieder, die 1556 in den Adelstand erhoben wurde. Eine Skizze Baldungs in der Albertina, auf der Schild und Kleinod unausgeführt blieben (Grenser Taf. XX), trägt die eigenhändige Unterschrift „Friedrich Prechter der Jung“, die der Herausgeber im Texte S. 16 zu „Pruhr“ verlesen hat, wie mich Herr J. Klemme freundlichst aufmerksam machte. Die Figur der Schildhalterin, in der M. Rosenberg (Skizzenbuch, S. 15) mit Recht eine vergröberte. gegensinnige Copie der Eva aus Dürers Kupferstich von 1504 (Bartsch 1) erkannt hat und die dürftige Zeichnung der Decken lassen keinen Zweifel darüber aufkommen, dass der Entwurf der Frühzeit des Künstlers angehört. Gleichfalls noch in das erste Jahrzehnt des Jahrhunderts ist ein anderes, ganz gothisch gedachtes Brechter-Wappen Baldungs in der Berner Stadtbibliothek zu versetzen (aus der Sammlung Bürki). Warnecke hat das, obschon unbezeichnete, zuverlässig echte Capitalblatt sowohl in den „Heraldischen Kunstblättern“, Görlitz, 1876 (Tafel 57, Nr. 213), wie in den „Musterblättern“ (Taf. II) veröffentlicht. Vielleicht war der Besteller dieses Scheibenrisses Friedrich Prechter, der Ältere, der 1485 das Bürgerrecht in Straßburg kauft, als Hofrichter zu Hagenau mehrfach urkundlich auftritt und am 5. October 1528 als Gefangener eines Buschkleppers. Oswald Dischenheusser, stirbt. Wenigstens geht in dieselbe Zeit wie der Berner Entwurf eine Albertina-Zeichnung Baldungs mit dem Wappen der Pfeffinger zurück, jenes Seblettstatter Bürgergeschlechtes, dem Friedrichs Gemahlin Susanna entstammt (Grenser, Taf. XIV). Im Kreuzgang des Predigerklosters zu Frankfurt a. M. liegt das Ehepaar begraben. Ob das Coburger Blatt für den älteren oder jüngeren Friedrich, seinen Sohn — 1521 kaufen beide gemeinsam dem Kaiser Karl V. Schloss und Flecken Hochfelden ab — oder für ein anderes Mitglied des Geschlechtes verfertigt wurde, muss dahingestellt bleiben. In Frage käme noch Christoph Prechter, Doctor der Rechten, der 1539 ein juristisches Werk zu Marburg drucken ließ.

Hervorhebenswert ist schließlich, dass Baldungs 1560 verstorbene Tochter Margaretha durch ihren ersten Gatten, Mathis (nicht Philipp) von Gottesheim († 1530) mit den Prechters verschwägert war, indem dessen Bruder Friedrich eine Prechterin zur Frau hatte.

Siebmacher I, 196. — Knobloch, Her.-gen. Zeitschr. XV, 18. — Derselbe Oberbad. Geschlechterbuch I, 152 f. — Imlin'sche Familienchronik, herausg. von Rud. Reuss in Stöbers „Alsatia“, Colmar 1875, S. 410 (hier wird ein Epitaph Fr. Prechters d. Ä. aus Hagenau mitgetheilt). — Hertzog VI, 269, u. IX, 167. — Polit. Correspondenz der Stadt Straßburg im Zeitalter der Reformation, Th. I, herausg. von H. Virck (Straßburg 1882), S. 100, 132, 141.

26. Ottenheim (Fragment).

Obertheil eines Wappens: ein vorwärts gekehrter Stechhelm trägt einen offenen goldenen Flug, der mit einem Doppel-V — das kleinere vom größeren eingeschlossen — belegt ist. Darüber steigt aus den Capitellen zweier, nur in ihren oberen Dritteln erhaltener laubumkränzter Einfassungssäulen ein krönender Volutenbogen empor, dessen Zwickel mit Rankenwerk verziert sind. Die Oberseiten der schwarzgoldenen Decken bezeichnet: „docz schwarcz“. Das Monogramm fehlt.

— 39 —

Pinsel- und Tuschzeichnung. Wasserzeichen des Papieres: hohe Krone.
25·7 × 33·8.

Es liegt hier offenbar das Bruchstück eines in großen Verhältnissen angelegten
Wappenscheibenentwurfes für ein Mitglied der Straßburger Familie Ottenheim vor,
die im goldenen Schilde und auf dem gleichfarbigen Flugkleinode zwei ineinander
verschränkte schwarze V in Renaissancecapitalen als Wappenbild führte. Philipp
Hugo von Ottenheim wurde 1520 zum ersten- und 1526 zum zweitenmale von der
Schneiderzunft zum Ammeister erwählt. Vielleicht war er der Besteller unseres schon
infolge des gewählten Materials breit und kräftig behandelten Glasgemäldecartons,
den man sich mit seiner Vermengung von Renaissanceformen und noch gothisie-
rendem Rankenwerk sehr wohl in der ersten Hälfte der Zwanzigerjahre des XVI. Jahrhunderts entstanden denken kann. In derselben Manier und Technik ist das Nippen-
burg-Wappen Nr. 10 ausgeführt.

*Darmstädter Ammeisterbüchlein Nr. 84. — Hertzog VIII, 93 f. — Pastorius,
Von den Ammeistern, S. 198. — Lehr, L'Alsace noble III, 157. — Rietstap, Armorial général II, 365.*

27. Hans Rudolf von Endingen.

Im silbernblau getheilten Schilde oben ein blaubewehrter rother Löwe, wachsend.
Auf dem Spangenhelme derselbe Löwe mit drei silbernen Kugeln am Rücken. Decken
rothsilbern. Rechts eine Schildhalterin in blauem Festkleide, mit Federbarette. Die
Umrahmung bilden Candelabersäulen, die einen Volutenbogen tragen. Auf der Basis,
von Büheler: „Hanns Rudolff vonn Endingenn“. Farbennotizen mit dem Röthel.
Feder. schwarzbraune Tinte. 30·5 × 22·5.

Ein Hans Rudolf von Endingen aus der Straßburger Linie des alten Breis-
gauer Adelsgeschlechtes, das sich nach der Stadt am Kaiserstuhl nannte und 1652
ausgestorben ist, war in den Jahren 1470—1480 achtmal Stättmeister. Ob er oder
einer seiner beiden Söhne, Hans Ludwig oder Thomas von Endingen, für die die
prächtigen Visierungen Baldungs in der Albertina (Grenser. Taf. IX und XI) beträchtlich später, um 1540, entstanden sind. der Besteller der vorliegenden Zeichnung gewesen ist, muss unentschieden bleiben. Das sauber und eingehend behandelte, aber etwas trockene Blatt, in dessen Einfassung der Künstler die Decorationsformen der Renaissance übrigens schon recht gewandt handhabt, dürfte in den Beginn der Zwanzigerjahre des XVI. Jahrhunderts anzusetzen sein. Bei verwandter
Anlage etwas schmuckloser und derber ist die Umrahmung des blattgroßen Holzschnittes mit dem Wappen des Joh. Indagine ausgefallen, den Baldung. wohl um die
nämliche Zeit, für ein Werk dieses Autors „Introductiones apoteles maticae elegantes,
in Chyromantiam etc.“, Straßb., Joh. Schott, 1522 entworfen hatte (Eisenmann 155).

*Gränenberg, Bl. CLXXXII^b. — Hertzog VI, 241. — Stammbuch d. deutsch.
Adels I, 334. — Meding, Nachrichten III, 198. — Lehr, L'Alsace noble III, 407.
— Knobloch, Her.-gen. Zeitschr. XIV, 93.*

28. Georg von Landsberg.

Im grünsilbern getheilten Schild oben ein goldener Sechsberg. Auf dem Spangenhelm der Rumpf einer wie der Schild gekleideten gekrönten Mohrin mit fliegender

weißer Zindelbinde. Decken silbergrün. Links eine Schildhalterin in rothem Kleide und Federhut.

Das Mittelfeld wird flankiert von zwei kesselartig ausgebauchten Balustersäulen mit hohen Basen, die, von links her gesehen, auf einer perspectivisch verkürzten Sockelbank aufsitzen. Über dem krönenden, aus zwei Füllhörnern gebildeten Flachbogen, in den seitlichen Zwickeln zwei flott skizzierte Scenen: rechts eine im Freien tafelnde Gesellschaft, links ein an einem Springbrunnen vorbeipromenierendes Paar. Auf einer Schrifttafel am Sockel von Baldungs Hand: „Tafelyn Jorg von landsperg". Die Farben der rechtsseitigen Säule (roth) wie der Kleider der Schildhalterin und der Kleinodfigur sind vom Glasmaler mit dem Röthel bezeichnet.

Feder, die Tinte verblasst, 32·8 × 22·8.

Die weitverzweigte Familie von Landsberg zählt zu den angesehensten altelsässischen Dynastengeschlechtern. Georg II., der Besteller des vorliegenden Entwurfes, der als Sohn Jacobs von Landsberg und der Adelheid Böckin von Gerscheim der jüngeren Linie des Hauses angehörte, ist 1523 gestorben. Nach dem schon ziemlich abgeklärten Stile ihrer Renaissance-Umrahmung und deren geschickter Perspectivik zu schließen, ist die Zeichnung kaum viel früher entstanden. Auf dem Sockel findet sich bereits das Lieblingsornament der späteren Glasgemäldecartons Baldungs: die Rosette. In viel ausgiebigerem Maße hat er sie dann auf dem folgenden Blatte, dem Eberstein-Wappen von 1525, verwendet.

Eine Glasgemäldevisierung Baldungs von ca. 1510 im Städtischen Museum zu Leipzig führt uns den nämlichen Georg von Landsberg und seine Gattin Margaretha, Tochter des Pancratius Münch von Wildsberg, als Donatoren in Person vor. Das jugendliche Ehepaar, er bartlos, in Schaube, sie in Rise und Mantel, beide mit Rosenkränzen in den Händen, kniet betend hinter den Allianzschilden, beschirmt von seinen Namenspatronen Georg und Margaretha; im Hintergrunde eine malerische Flusslandschaft mit einem Burgfelsen am linken Ufer. Die breit behandelte Federzeichnung (34·5 × 30·5) hebt sich schon als Entwurf für ein noch spätgothisches, im Spitzbogen abgeschlossenes Figurenfenster aus der Gruppe der Baldung'schen Scheibenrisse bedeutsam heraus. Besonders anziehend ist der landschaftliche Hintergrund und die in eine prächtige Maximiliansrüstung gehüllte Rittergestalt St. Georgs, der seinen Drachen mit der Eisenfaust gemüthlich am Halse hält. Das Blatt wurde kürzlich als Arbeit eines „Süddeutschen Meisters um 1500", ohne dass das abgebildete Stifterpaar erkannt worden wäre, in den „Studien und Entwürfen älterer Meister im Städtischen Museum zu Leipzig" (Ebd., Hiersemann) publiciert. Obschon nun Hertzog eine Anna v. W. als Gattin Georgs bezeichnet und die Wappen der elsässischen Wildsberg bei ihm und Siebmacher von dem hier gegebenen — in Schwarz ein Türkenkopf über einem Dreiberg — abweichen, endlich auch das Landsberg-Wappen die befremdende Zuthat eines Schrägbalkens aufweist, kann es sich nach der von Bucelinus veröffentlichten Stammreihe der Landsberg kaum um ein anderes Paar als das genannte handeln. — Zwei Landsberg-Wappen Baldungs in der Albertina sind offenbar jüngeren Ursprunges. Der krönende Abschluss des einen (Grenser, Taf. IV) wiederholt das Groteskenmotiv der Kranzrahmen auf den Scheibenrissfragmenten der Berner Stadtbibliothek, die zweifellos den letzten Jahren des Künstlers entstammen.

Gränenberg, Bl. CII. — Hertzog VI, 210 f. u. 255 f. — Bucelini Germania etc.
II, 2, N 6. — Siebmacher I, 192 u. V, Zusatz, Tf. 28, 6. — Gauhe, Adelslexikon I,
858. — Meding, Nachrichten v. adeligen Wappen I, 458. — Lehr, L'Alsace noble
II, 300. — Knobloch, Her.-gen. Zeitschr. XIV. 121. — L. Spach, Le château et
la famille de Landsperg, Bull. d. l. société p. l. conservation des monuments hist.
d'Alsace IIᵉ série, VI, 173 squ.

29. Bernhard IV. Graf von Eberstein. Domherr zu Straßburg.
(s. Titelblatt.)

Vor grünem Grund der Ebersteinische Rosenschild; auf dem Spangenhelm der
silberne Mannsrumpf mit der Inful, die mit der Schildfigur belegt und mit rothsilbernen Straußfedern besteckt ist. Decken rothsilbern.

Feder, die Tinte verblasst; die Oberseiten der Decken mit Zinnober laviert.
29 × 25·5.

Zu diesem oben dreiseitig beschnittenen Blatte gehört die als Titeleinfassung
reproducierte Renaissanceumrahmung. in die irrthümlicherweise das auf unserer
Tafel XV abgebildete Dunzenheim-Wappen eingeklebt ist. Stämmige Pfeiler tragen
ein krönendes, dreiseitiges Gebälk mit cassetierter Leibung; die Felder zeigen in
Gold die Ebersteinische Fünfblattrosette. die als Ziermotiv auch auf der Frontseite
und als Eckfüllung zu beiden Seiten des Sockels — hier von Cherubim umgeben —
wiederholt ist. In die Pfeiler sind hohe Nischen eingelassen, in denen auf Candelabersäulen Putten in römischer Kriegerrüstung stehen. in den Händen Schrifttafeln, die
zusammen die Jahreszahl: MDXXV enthalten.

Das Kopfstück führt eine Gesellschaft von Junkern in modischer Mi-parti-
Tracht vor. die auf einem freien Platze am Waldessaume Ringübungen betreiben.
Sechs Paare sind im Kampfe begriffen: in der Mitte steht eine Gruppe von fünf
Schiedsrichtern, rechts vier Zuschauer. Im Hintergrunde eine Stadt mit hohem Kirch-
thurme. Die Costüme der Figuren sind mit Farbenangaben versehen.

Auf dem goldgeränderten Sockel von Baldungs Hand: „Diss sol ein täfelyn
syn Eberstein (folgt die Skizze eines Rosenschildes) bernhart grave zu eberstein
thumherr zu straßburg".

Feder und Tusche; 45·5 × 35.

Die Umrahmung, eine barocke Thürdecoration, beweist, wie ungeschult bei aller
Vertrautheit mit den einzelnen Formen des neuen Stils das tektonische Empfinden des
Künstlers noch war. An dem geistreichen Oberbildchen — einer Illustration zum
Sportleben der Zeit — stören die verzeichneten Proportionen einzelner Figuren.

Bernhard der Jüngere, als zweiter Sohn des oben (unter Nr. 18) besprochenen
Bernhard III. von Eberstein 1496 geboren. erscheint schon 1514 als Canonicus der
Stifte Straßburg und Trier. In diesem Jahre studierte er an der Universität in
Freiburg. zu deren Ehrenrector er für das Sommersemester gewählt wurde (Frei-
burger Diöcesanarchiv XXIII, 94). Dieselbe Würde wurde ihm im folgenden Jahre
an der Universität Wittenberg zu theil, in deren Rectorenalbum, heute auf dem
Universitätsarchive zu Halle, sein Wappen, angeblich von Cranach gemalt. mit dem
Datum 1515 sich findet (Schuchard, L. Cranachs d. Ae. Leben und Werke III, 163).
1524 wird er als Coadjutor des Bisthums Wien genannt. Nach dem Tode seines

Vaters 1526 ist er mit seinem Bruder, dem regierenden Grafen Wilhelm IV., in langwierige Erbschaftsunterhandlungen verwickelt, die 1528 zu einem Ausgleich führten. 1532 war er nach der Zimmerischen Chronik, in der seiner häufig Erwähnung geschieht, Kämmerer, später Domdechant des Straßburger Capitels. 1541 sollte er zum Nachfolger des in diesem Jahre verstorbenen Bischofs Wilhelm III. gewählt werden. Bernhard lehnte jedoch ab, weil er sich schon damals mit dem Gedanken trug, weltlich zu werden und die schöne Sibylla von Barr, die Tochter des Reichsvicekanzlers Nik. Ziegler (siehe oben Nr. 19) zu heiraten. In der That verkaufte er 1545 seine Domherrenpräbende an die Grafen Johann Christoph und Gottfried Christoph von Zimmern und machte im folgenden Jahre auf dem ihm gehörigen Schlösschen Preuschek bei Straßburg — das früher die Prechter als Ebersteinisches Lehen innehatten — Hochzeit. Die Zimmerische Chronik berichtet, dass er in seinem Entschlusse durch die Straßburger Reformatoren Bucer und Hedio bestärkt worden sei, die nach dem von ihnen erhofften Siege der Schmalkaldener die Säcularisation des Bisthums und seine Erhebung zum „weltlichen Bischof" in Aussicht genommen hatten. Von Preuschek, dem „Millionenschlössel", wie es im Volksmunde hieß, zog sich Bernhard, nachdem er einige Söhne und Töchter im zarten Alter verloren hatte. auf Schloss Ulenburg, unfern von Oberkirch zurück. wo er im Jahre 1569 seine Tage beschloss.

Der lebensfrohe Domherr scheint mit unserem Maler auf freundschaftlichem Fuße verkehrt zu haben. Schon 1516 lieferte dieser für eine auf Veranlassung des Ebersteiners bei Grüninger in Straßburg herausgekommene Erklärung des Dekalogs von Marcus Weida („Die zehe gebot in diesem buech erclert vnd ussgelegt" etc.) zehn Holzschnitte (Eisenmann 73—82). In Straßburg wohnte Baldung nachweisbar von 1531 bis zu seinem Tode „in der Brandgassen gegen Graff Bernhart von Ebersteiner Hoff Ein Thumbherr hoher Stift", wie Sebald Büheler erzählt. Sein jüngerer Bruder Caspar, der seit 1502 erst als Lehrer der schönen Wissenschaften. dann der Jurisprudenz an der Freiburger Hochschule wirkte, 1522 aber einem Rufe als Stadtadvocat nach Straßburg folgte, wo er 1540 starb. verfasste einen Bericht über die Wappensage der Eberstein, auf den sich die „Annales Suevici" von Crusius (Francofurti 1595), Lib. IV. Partis II, cap. III. pag. 108, berufen. In Meyers Künstlerlexikon (II, 618) hat der treffliche Biograph Baldungs, Oskar Eisenmann, die Existenz dieses Schriftstückes angezweifelt. Es befindet sich aber noch auf der königl. öffentl. Bibliothek in Stuttgart, und wird in dem gedruckten Katalog ihrer „Historischen Handschriften" beschrieben (Bd. II, Stuttgart 1891, S. 13, Nr. 27): „Ein kurtzer Vszug vss glaubwürdigen Cronigken des hohen vnnd alten Herkommens der Grauen vonn Eberstein durch doctor Caspar Baldungen seines Bruders meister Hannsen Baldungen des mallers sonders Begehren etz." „Lieber Bruder", wird dieser angeredet, „ich hab gut wissens mit waß dienstlichem gemüt vnd willens du dem Erwürdigen vndt wohlgebornen Herrn Bernhart Grauen zu Eberstein meinem gnedigen herren geneigt vnndt zugethon". Genealogische Studien scheinen, nebenbei bemerkt, den Doctor Caspar Baldung mehrfach beschäftigt zu haben. So gedenkt die Zimmerische Chronik (ed. Barack I, 14) eines abenteuerlichen Fundes über die Abkunft der Grafen von Zimmern von den „Cimbern", den er in einer alten Chronik gemacht hätte. Der historischen Beglaubigung desselben sollte eine bei H. Steyner

in Augsburg 1531 erschienene Übersetzung von acht Biographien Plutarchs dienen,
die Hier. Boner im Auftrage des Grafen Wilh. Werner von Zimmern verfasst hatte.
In der Vorrede des Buches wird auf die „Entdeckung" C. Baldungs ausdrücklich
Bezug genommen.

Der angezogene Handschriftenkatalog der Stuttgarter Bibliothek führt auch
eine Anzahl Federzeichnungen auf. die acht gräflich Eberstein'sche Ehepaare mit
ihren Wappen darstellen (Bd. II, 28, Nr. 70, Stück K). Krieg v. Hochfelden, der
sie in der Geschichte der Grafen von Eberstein, S. 294 ff., bespricht und zwei Paare
in Stahlstich reproduciert, hält sie zum Theile für die ersten Entwürfe Baldungs zu
einer von ihm im Rittersaale von Neu-Eberstein bei Baden ausgeführten Ahnengalerie. Diese Wandgemälde „uff dem haus neuen Eberstein", die eine alte Tradition
mit Baldung in Verbindung bringt, sind seit der ersten Hälfte des XVIII. Jahrhunderts
verschwunden. Leider geben auch die genannten Zeichnungen keinen näheren Aufschluss über sie. Es sind drei Doppelquartblätter, ein einfaches Quart- und ein
Octavblättchen — nach der Paginierung zu schließen, Reste einer größeren Folge
— die offenbar von einer und derselben Hand herrühren. Dass diese aber nicht die
Baldungs sein kann, beweist schon das Datum 1557 auf einer der Zeichnungen.
In die zweite Hälfte des XVI. Jahrhunderts fällt nach den angebrachten Jahreszahlen
auch eine handschriftliche Genealogie der Eberstein in der Stuttgarter Bibliothek
(Katalog, Bd. II. 27. Nr. 70b), deren Zusammenhang mit den Wandgemälden
Krieg richtig erkannt hat, die er aber irrigerweise dem Caspar Baldung zuschreibt
(S. 295). Die fraglichen Federzeichnungen sind überhaupt keine Entwürfe für Wandmalereien. sondern Costümskizzen, die durch ihre ausführlichen Personal- und Farbenangaben auf bestimmte Vorbilder zurückweisen. Der Stilcharakter dieser Originale
ist aber in den flüchtigen Copien ebensowenig erkennbar, wie der Zweck der letzteren
selbst. Gleichwohl lassen es die Umstände durchaus möglich erscheinen, dass die
ältere Reihe jener Ahnenbilder ein Werk Baldungs war, dem als Porträtmaler von
Ruf eine derartige Aufgabe sehr leicht von dem befreundeten Grafenhause übertragen
worden sein kann.

*Über den Domherrn Bernhard v. Eberstein vgl. die Zimmerische Chronik, ed.
Barack III, 465 f., 576—581, und Krieg, a. a. O., S. 143, 147 f. — Über die
Ahnengalerie Krieg, S. 294 ff., u. v. Beust, Kurzgefasste Geschichte d. Grafen
v. Eberstein, Rastatt 1850, S. 60, 63. — Über Caspar Baldung H. Schreiber,
Gesch. d. Universität Freiburg I, 1857, S. 84 f., Allg. Dtsch. Biographie II, 19
u. Knobloch, Oberbad. Geschlechterbuch I, 38.*

30. Werdenberg.

Im rothen Schild eine an drei Ringen befestigte dreilappige, weiße Kirchen-
fahne; auf dem Spangenhelm eine rothe, weiß bordierte Bischofsmütze. Decken
rothweiß. Von Büheler fälschlich „Wertheim" bezeichnet. Tincturzeichen fehlen.

Schild, Wappenbild und Inful mit Blei skizziert. die beiden letzteren, wie die
Helmdecken, mit der Feder, wahrscheinlich von fremder Hand, in zweierlei Tinten
übergangen. Wasserzeichen des Papieres: hohe Krone. Beschnitten. 32·5 × 25.

Von den vierLinien des berühmten Montforter Geschlechts blühten im XVI. Jahrh.
nur noch die Werdenberg-Sargans zu Trochtelfingen. Mit den drei Söhnen des

Grafen Georg († 1500) aus der Ehe mit Katharina Markgräfin von Baden: Johann V., Christoph und Felix, starb der männliche Stamm der Grafen von Werdenberg aus.

Ein für den Grafen Felix bestimmter Scheibenriss Baldungs in der Albertina (Grenser, Tafel I) muss in dem Zeitraume 1526—1530 entstanden sein; das Wappen ist nämlich von der Kette des goldenen Vließordens umgeben, der dem 1530 aus dem Leben geschiedenen Grafen vier Jahre vorher verliehen worden war. Um die gleiche Zeit dürfte der vorliegende Entwurf verfertigt worden sein, der wegen seiner breiten Behandlung und der edlen, schwungvollen Zeichnung der Decken als heraldisches Musterblatt gelten kann. Vielleicht war der Besteller der 1534 verstorbene Graf Christoph von Werdenberg, der zwar gewöhnlich in Sigmaringen residierte, 1526 aber in Straßburg weilte, um mit der Witwe des Grafen Eitel Fritz von Zollern sich in zweiter Ehe zu vermählen. Bischof Wilhelm III. vollzog die Trauung. Ihrem stilistischen Gepräge nach würde die Zeichnung sehr wohl in dieses Entstehungsjahr passen. Ein drittes Werdenberg-Wappen von der Hand Baldungs und wahrscheinlich aus derselben Zeit besitzt das Berliner Kupferstichcabinet.

Auf dem Schlosse zu Werdenberg, im Canton Appenzell, ist noch eine Anzahl alter Wappenfenster erhalten, die eine mir unzugänglich gebliebene Beschreibung (Trogen 1834) verzeichnet.

Grünenberg, Bl. LXXIX V u. LXXXVI^b. — Siebmacher II, 12, 1. — Stammbuch des blühenden u. abgestorbenen Adels IV, 180. — Zimmerische Chronik, ed. Barack III, 102 -132. — Vanotti, Gesch. d. Grafen v. Montfort u. Werdenberg, Bellevue 1845, II. Abth., S. 449—466, u. Genealog. Tabelle IV. — F. Gull, Die Grafen v. Montfort, u. Werdenberg-Heiligenberg und v. Werdenberg-Sargans, Neuchâtel 1891. — Freydal. Des Kaisers Maximilian I. Turniere und Mummereien, herausg. von Quirin v. Leitner, Wien 1880—1882, pag. C.

31. Utenheim (Tafel IX).

Im schwarzen Schilde ein goldener Schrägrechtsbalken. In den Spangenhelm beißt ein wildes Greisenhaupt, dessen langherabwallendes Haar die Decken ersetzt. Rechts neben dem Schilde steht auf grünem Plan eine junge Rittersfrau in rothem, ausgeschnittenem Kleide, reiches Geschmeide um Brust und Hals, das reizende Köpfchen von einem gewaltigen Federbarette übernickt. Dem Schilde zugewendet, blickt sie, die Linke an den Helm gelegt, auf diesen hinab. Rechts unten die Bezeichnung Bühelers: „Uttenheim".

Feder, die Tinte verblasst; 26·5 × 18·8.

Das unterelsässische Adelsgeschlecht der Utenheim zum Ramstein — Stammesgenossen der Klette v. Utenheim, gen. v. Matzenheim und Wappengenossen der Alben, gen. Sultzbach, und der Landschaden v. Steinach — besaß neben zahlreichen Burgen und Schlössern auf dem Lande auch einen Hof in Straßburg. Die vorliegende Zeichnung hatte vielleicht Anna v. Utenheim bestellt, die zweite Gemahlin jenes 1546 verstorbenen Wolfgang v. Landsperg, Stifthauptmannes in Straßburg, für den Baldung einen jetzt in der Albertina befindlichen Scheibenriss entworfen hat (Grenser, Taf. V). Das Blatt ist allem Anscheine nach in den Jahren 1526—1530, gleichzeitig mit dem Werdenberg-Wappen dieser Sammlung (Grenser, Taf. I) entstanden, dessen Schildhalterin es im Gegensinne, mit geringfügigen Änderungen, wiederholt.

Auf Schloss Stauffenberg in der Ortenau ist ein von Margarethe Kolb v. Stauffenberg, geb. v. Utenheim, gestiftetes Rundfenster aus dem XV. Jahrhundert erhalten, das das Utenheim-Wappen mit der Eigenthümerin als Schildwächterin wiedergibt.

Siebmacher I, 194, 9. — Hertzog VI, 284. — Knobloch, Her.-gen. Zeitschr. XV, 60 f. — Rietstap, Armorial gén. II, 965. — Über die Wappensage der Klette v. Utenheim, gen. v. Matzenheim, vgl. A. Stöber, Sagen des Elsasses, St. Gallen 1852, S. 151. — Gräße, Geschlechtsnamen- u. Wappensagen etc., S. 104 u. 161. — Ch. Schmidt, Gassen- u. Häusernamen, S. 100. — Jos. Bader, Badenia I, Heidelberg 1859, S. 374.

32. Jakob von Bergheim.

Im goldenen Schilde ein rothes Kreuz; auf dem Turnierhelm ein Quastenhut. Decken rothgolden. Den Schild hält eine links stehende Dame in tief ausgeschnittenem Kleide mit gepufften Trichterärmeln, eine Gliederkette um den Hals, auf dem Haupte das Federbarrett. Mit der Rechten das Oberkleid leicht aufnehmend, blickt sie, voll herausgewendet, den Beschauer an. Von der abgeschnittenen Umrahmung ist links noch der Innencontour eines gothisierenden Säulchens sichtbar. Am Fußstreifen von Bühelers Hand: „Jacob vonn Berckheim Ritter"; rechts davon die ältere Röthelinschrift: „Jacob vo berkh ritt".

Feder, das Wappen in dunkelbrauner, die Figur in tiefschwarzer Tinte ausgeführt; die Krempe des Quastenhutes mit Roth- und Blaustift übergangen. Wasserzeichen des Papieres: hohe Krone. Beschnitten; 28 × 23·5.

Lichtdruck, F. Warneckes Musterblätter, Nr. 49.

Das Dorf Mittelbergheim im Unterelsass war der Stammsitz des ritterbürtigen Geschlechtes Bergheim, das, dem Hause Andlau verwandt und mit ihm einerlei Schildes, noch heute in zwei Linien, in Baden und in Frankreich blüht. Jacob, Sohn des Schmaßmann v. B. († 1518), heiratet in die Familien Pfirt, Muellenheim und Utenheim, wird lutherisch und stirbt 1565. Ob der Quastenhut an Stelle des sonst von den Bergheim geführten Helmkleinods, einer goldenen Ente auf rothem Kissen, auf eine geistliche Würde deutet, wie Warnecke meint, bleibe dahingestellt, da diese Kopfbedeckung von den üblichen Formen geistlicher Hüte doch allzusehr abweicht. Der willkürliche Gebrauch verschiedener Helmzierden war übrigens eine Eigenthümlichkeit der elsässischen und oberbadischen Geschlechter.

Die Wappendamen auf dem vorliegenden und den beiden nächstfolgenden Blättern sind untereinander und mit den Schildhalterinnen des oben besprochenen Utenheim- wie des Werdenberg-Wappens der Albertina im Typus und der Zeichenmanier so nahe verwandt, dass die Ansetzung auch dieser drei Entwürfe um das Jahr 1530 gerechtfertigt erscheint.

Neuer Siebmacher II, 6. Abth., Tf. 4, S. 4. — Hertzog VI, 231. — Schöpflin, Alsatia illustrata II, Colmar 1761, 699. — Lehr, L'Alsace noble II, 50. — Knobloch, Her.-gen. Zeitschr. XIV, 80, u. Oberbad. Geschlechterbuch I. 56. — Becke-Klüchtzner, Stammtafeln des Adels des Großherzogthums Baden, Baden-Baden 1886, S. 51 f.

33. Urbach (Auerbach).

Rothsilbern gespaltener Schild; auf dem Spangenhelm ein in den Schildfarben getheilter Bracke, wachsend. Decken silbernroth. Rechts steht auf dem Rasen vor blauem Grund ein Edelfräulein in der bekannten Festtracht; mit der Rechten fasst sie das grüne Oberkleid, unter dem ihr gelber Rock zum Vorschein kommt; die Linke hat sie an den Helm gelegt.

Dazugehörig ein in Coburg getrennt aufgezogenes Kopfstück, das über einen Volutenbogen eine Gesellschaft im Freien vorführt. Rechts vier Männer an einem Tische bei einer Kartenpartie, der ein Fünfter und zwei Frauen zusehen. Links zwei Brettspieler unter einem Baume sitzend, denen sich eine Frau zugesellt hat. In der Mitte zwei patrizisch gekleidete Männer im Gespräche mit zwei am Boden gelagerten Frauen, von denen die Eine einen Pokal hält, die Andere Karten mischt. Ungemein flott ausgeführte Feder- und Tuschzeichnung; als Zeitbildchen von novellistischem Reiz an die bekannten Gesellschaftsscenen der Bonifazi erinnernd. Einzelne Motive begegnen auch in den Zwickelbildchen eines für Jac. v. Seldeneck bestimmten Wappens in der Albertina (Grenser, Taf. XII).

Auf der Basis eine dreizeilige, bis zur Unleserlichkeit verwischte Inschrift. — Feder, die Tinte stark verblasst. Beschnitten; $27 \cdot 5 \times 18 \cdot 8$ (ohne Kopfstück).

Die von Urbach schrieben sich nach einem bei Schorndorf in Württemberg gelegenen Orte. Urkundlich tritt dieses schwäbische Herrengeschlecht zuerst 1181 auf; durch Heirat kommt es ins Elsass und erlischt um die Mitte des XVI. Jahrhunderts.

Grünenberg. Bl. CXLIV. — Hertzog VI, 209. — Siebmacher I. 112, 14. — Stammbuch d. deutsch. Adels IV, 112.

34. Unbekannt.

Auf dem leeren Tartschenschilde ein Spangenhelm mit schwarzsilbernem Hörnerkleinode. Links eine Wappendame in grünem Kleide neben einem von einem Kaisermedaillon gekrönten Renaissancepilaster mit auffällig stilrein gezeichnetem Ornamente. — Das dazugehörige Kopfstück ist wieder als solches nicht erkannt und gesondert aufgezogen. Es zeigt über dem krönenden Flachbogen eine Flusslandschaft mit badenden und fischenden Männern und Frauen, die größtentheils entkleidet sind. Rechts ein Nachen, aus dem ein Junker eine Dame im Scherz über Bord werfen will. Das an sich verfängliche Thema, mit naiver Anmuth behandelt, ist zu voller künstlerischer Wirkung gebracht.

Feder, in derselben graubraun verblassten Tinte wie die vorige Nummer und vermuthlich als deren Gegenstück ausgeführt; das Oberbildchen wieder Feder- und Tuschzeichnung. — Auf dem Fußbande eine dreizeilige, verwischte Unterschrift. — Stark beschädigtes Blatt; mit Längsbruch; der Kopf der Schildhalterin zur Hälfte weggeschnitten. $24 \cdot 5 \times 24$ (ohne Kopfstück).

35. Dürrmenz.

Im blauen Schilde ein goldener Ring mit einem Rubine, der auf dem gekrönten Spangenhelme wiederholt ist. Links steht ein Landsknecht in Kürass und Beintaschen

über der Ärmeljacke und den zerhauenen Kniehosen; mit der Linken einen Zwei-
händer schulternd, die Rechte an die Tartsche gelegt, blickt er auf diese nieder. Sein
Barett hängt an einer Halsschnur über die Schulter herab. Auf dem Fußstreifen
eine dreizeilige, unleserliche Inschrift, darunter von der Hand Bühelers: „Dur
Mentzer".

Feder, die Tinte vergilbt; stark beschnitten, der halbe Kopf des Landsknechtes
fehlt. $26 \cdot 5 \times 20 \cdot 7$.

Das Blatt ist irrthümlicherweise in die Umrahmung eines für den Straßburger
Ammeister Beatus v. Dunzenheim bestimmt gewesenen Wappens eingeklebt. (S. w.
u. Nr. 50.) Sein ursprüngliches Kopfstück ist dagegen mit den Oberbildchen der
beiden vorigen Nummern, mit denen er in Auffassung und Technik völlig übercin-
stimmt, zusammen cartoniert. Es enthält über dem abschließenden Rundbogen das
charakteristisch durchgeführte Genrebildchen einer Kegelpartie. Die Patriziertrachten
der Theilnehmer sind, wie in dem Kopfstücke des Eberstein-Wappens Nr. 29, mit
genauen Farbennotizen versehen.

Diese sorgfältig durchgeführten Miniaturen zählen zu den lebensvollsten sittenbild-
lichen Darstellungen Baldungs. Das Befremdende in ihnen kommt lediglich auf
Rechnung der Farbenveränderung, die Tinte und Tusche, wohl infolge chemischer
Zersetzung, erlitten haben. Compositionen, Formengebung und Vortrag sind echt
grienisch.

Die von Dürrmenz, ein schwäbisches Geschlecht, von dessen Burg sich im
heutigen Oberamte Maulbronn noch Trümmer erhalten haben, waren Stammes- und
Wappengenossen der Enzberg, welch letztere angeblich seit ihrer Zugehörigkeit zu der
oberrheinischen Mystikergesellschaft „Vom Ringe der hl. Katharina" den Rubinring
in ihr Wappen aufgenommen hatten. Zwischen Helm und Kleinod erscheint sonst im
Dürrmenz-Wappen ein blaues Kissen an Stelle der hier eingeschobenen Krone. Die
Dürrmenz hatten Lehen von Würtemberg, Baden, Eberstein und dem Stifte Straßburg. Vielleicht war der „veste Martin von Thormentz", der 1516 Bürger in Straßburg wurde, der Besteller unserer Wappenzeichnung, deren Schildhalter übrigens mit
Landsknechtfiguren auf dem Prager Dorotheenbilde Baldungs von 1516 und auf
einem seiner Holzschnitte zu den „Zehn Geboten" (Straßburg, Grüninger, 1516)
viele Ähnlichkeit hat.

*Hertzog VI, 240, u. VII, 29. — Knobloch, Her.-gen. Zeitschr. XIV, 91. —
R. Muther, Deutsche Bücherillustration der Gothik und Frührenaissance II, Tf. 240.*

36. Zorn zum Riedt.

Im rothgolden getheilten Schild oben ein silberner, achtstrahliger Stern; auf
dem Spangenhelm ein feuerspeiender Drachenhals. Links oben von Bühelers Hand:
„Zornn zum Riedt".

Rundscheibe, Feder, die Tinte verblasst. Durchmesser: 26.

Die Linie „zum Riedt" des weitverbreiteten elsässischen Geschlechtes der Zorn
ist 1551 ausgestorben. Als muthmaßlicher Besteller unseres Wappens, wie des ihm
gleichzeitigen in der Albertina (Grenser, Taf. VI), kommt der 1531 verstorbene
Jakob Zorn zum Ried in Betracht, der 1525—1529 Stättmeister von Straßburg ge-

wesen ist. Wenigstens fallen beide genau in derselben Tinte ausgeführten Blätter, nach der ausdrucksvollen Zeichnung der Kleinodfigur und den reichen Formen der Helmdecken zu urtheilen, in den Ausgang des dritten oder den Beginn des vierten Jahrzehnts des XVI. Jahrhunderts.

Wappenrolle von Zürich, Nr. 382. — Hertzog VI, 309. — Stammbuch des Adels IV, 261. — Meding, Nachrichten von adel. Wappen II, Nr. 997. — Lehr, L'Alsace noble III, 238. — Knobloch, Her.-gen. Zeitschr. XV, 81.

37. Allianz: Stoffeln.

I. Von Silber und Schwarz geviert: auf dem Spangenhelme ein Brackenrumpf, in den Schildfarben geviert, mit ebenso geviertem Ohre. II in Gold ein schwarzes Zehnendergeweih mit einem in der Mitte unten eingeschlagenen schwarzen Nagel; auf dem schwarzen Spangenhelme ein geschlossener, silbernblau getheilter Flug. Decken schwarzsilbern und blaugolden. Bez. links oben: „Stoffe..".

Rundscheibe, Feder, braune Tinte. Wasserzeichen des Papieres: hohe Krone. Beschnitten 20·2 × 20·8.

Das männliche Wappen dieser Allianz ließ sich nicht bestimmen; das weibliche gehört dem alten, längst erloschenen schwäbischen Adelsgeschlechte der Staffel (von Stoffeln) an, das sich nach dem Hohenstoffeln im Hegau schrieb. Die gleichnamige Herrschaft und das Wappen giengen später auf die Freiherren von Hornstein zu Grüningen über. — Auf den Abbildungen des Wappens der Staffel bei Grünenberg und Siebmacher ist das Flugkleinod von Silber über Schwarz (nicht Blau) getheilt, und sind die Decken dementsprechend schwarzgolden.

v. Althaus bezeichnet in der Térey'schen Publication, Text S. XXXVIII, Nr. 116 das männliche Wappen als das des schwäbischen Geschlechtes von Ellerbach und bezieht die Allianz auf die am 14. Januar 1529 abgeschlossene Ehe des Itelhans v. Ellerbach mit Margarethe v. Stoffeln. Das von Siebmacher II, 91 gegebene Wappen der Ellerbach ist aber von dem vorliegenden so grundverschieden, dass die Bestimmung wenig überzeugend erscheint.

Wappenrolle von Zürich, Nr. 355. — Grünenberg, Bl. CXXXIII^b. — Siebmacher II, 95, 7. — Zedler, Universallexikon, Bd. 40 (Leipzig 1744). S. 303. — Gauhe, Adelslexikon II, 2395. — Meding, Nachrichten II, 858. — Stammbuch IV, 10. — Kneschke, Adelslex. IV, 486 u. VIII, 589. — Rietstap II, 819.

38. Philipp von Gundelsheim, Bischof von Basel.

Gevierter Schild: 1 und 4 rother Baselstab in Silber (Bisthum Basel). 2 und 3 silberner Pfahl in Roth (Gundelsheim). Auf dem Schilde die bischöfliche Inful, überragt vom Pedum, in dessen Schnecke ein Veronicatuch hängt. Als Schildhalter zwei vorwärtssehende Löwen.

Feder hellbraune Tinte; die Rückenbänder der Inful mit Blei hinzugezeichnet. Ganz verschnitten; 33 × 31.

Die von Gundelsheim waren ein kraichgauisches, mit denen von Gemmingen (s. Nr. 23) stammverwandtes Adelsgeschlecht, das vor 1630 erloschen ist. Das Städtchen Gundelsheim liegt im Neckarthale, gegenüber dem Gemmingen'schen Schlosse Guttenberg. Philipp von Gundelsheim, der Träger des vorliegenden Wappens, war 1487 geboren. Als Domcustos zu Basel wurde er am 28. Februar 1527 zum

Nachfolger des Bischofs Christoph von Utenheim gewählt. Er versah das Bisthum, bis zu seinem Tode am 3. October 1553, obschon in seine Amtsdauer die Einführung der Reformation in Basel fiel, die das Domcapitel nach Freiburg i. Br. vertrieb (1529).

Die Zutheilung dieses dem Ende der Zwanziger- oder dem Beginne der Dreißigerjahre des XVI. Jahrhunderts entstammenden Blattes an Baldung kann ungeachtet des von Büheler beigefügten Monogrammes nur mit Vorbehalt erfolgen.

In der Composition sowohl wie in den Einzelformen, vorab in der Stilisirung der Löwen mit ihren strähnigen, wie durch Wasser gezogenen Mähnen, weicht die faustfertig, aber ohne jedes künstlerische Feingefühl ausgeführte Zeichnung von der Auffassungsweise des Straßburger Malers beträchtlich ab. Eine ganz ähnlich derbe Behandlung zeigt dagegen ein offenbar schweizerischer Federentwurf zu einer Standesscheibe von St. Gallen in der Albertina, mit dem gekrönten Reichswappen über den gestürzten, von zwei Waldmenschen gehaltenen Bärenschilden. (Anonyme Altdeutsche, Portefeuille I. 8 a.)

So nahe es nun läge, auch die Coburger Visierung einem Schweizer Glasmaler zuzuschreiben, so wenig dürfen die äußeren Anhaltspunkte übersehen werden, die zu Gunsten der Urheberschaft Baldungs sprechen. Zunächst ist wahrscheinlich, dass der Künstler einmal persönlich in dem Stammsitze der Gundelsheim geweilt hat. Wenigstens finden sich im Karlsruher Skizzenbuche zwei eigenhändige Aufnahmen des Bergschlosses Horneck, zu dessen Füßen das genannte Städtchen liegt (Rosenberg, Taf. 38, Text S. 21). Dass er auch mit den Stiftsherren von Basel Fühlung hatte, geht aus dem in der Einleitung erwähnten Scheibenrisse des Museums in Weimar hervor, dessen Besteller, der Baseler Dompropst Andreas Stürzel von Buchheim, an der Wahl Philipps von Gundelsheim betheiligt war. Endlich ist hier nochmals der häufig handwerksmäßige Charakter der Production Baldungs zu betonen, dem gegenüber stilkritische Erwägungen nicht immer das letzte Wort behalten. Alles in allem genommen erscheint die Echtheit des Blattes nicht völlig gesichert, aber immerhin glaubhaft.

Passavant beschreibt im Peintre-Graveur IV, 312, Nr. 3 einen Holzschnitt mit dem von einem Basilisken gehaltenen Baselschilde, der auf einem Schrifttäfelchen die Inschrift „Basilea 1511", und unten das Monogramm „DS" trägt. Es ist nicht recht abzusehen, warum dieses nicht den Künstler bezeichnen, und das Blatt, das in einem Ritualbuche der Baseler Diöcese vorkömmt, nach der Ansicht Passavants auf eine Erfindung Baldungs zurückgehen soll, mit dem es ganz und gar nichts zu thun hat. (Abb., Warnecke, Herald. Kunstblätter, Taf. 14, Nr. 56.)

Grünenberg, Bl. CXLIII^b. — Siebmacher II, 89. — Neue Aufl. I, 5. Abth. Tf. 28 f., S. 51. — Chr. Wurstisen, Bassler Chron. VII, 593. — Pet. Ochs, Geschichte d. Stadt u. Landschaft Basel V (1821), S. 588, u. VI, 211 f. — Meding, Nachrichten III, 592. — Gauhe, Adelslexikon II, 385 f. — Grote, Stammtafeln, S. 480. — Fr. W. Ebeling, Die deutschen Bischöfe I, 45 f. — Mülinen, Helvetia sacra, Bern 1858, I, 3. — Gams, Series episcoporum, Ratisbonae 1873, pag. 261.

4

39. Lenzlin (Tafel X).

Umlaubter Tartschenschild, goldenschwarz gespalten, darüber ein rother Schräg-rechtsbalken. Rechts neben dem Schilde steht ein Jäger in geschlitzten Kniehosen und einem Leibrock mit Schulterkragen, um den er das Hifthorn und ein Waid-messer geschnallt hat; gestützt auf einen langen Bärenspieß, wendet er dem Schilde den Rücken zu, um sich aus einer mit der Rechten hoch emporgehaltenen Pilgerflasche mit kräftigem Zuge zu stärken.

Die Umrahmung ist in halbseitlicher Ansicht gegeben. Über zwei massive Pfeiler, denen an den Innenwänden reichgegliederte Pilaster vortreten, spannt sich ein Kielbogen, dessen Ansätze und Schenkel mit in Blattwerk auslaufenden Delphinen verkleidet sind. Darüber ist eine Bärenjagdscene dargestellt. Der von drei Rüden schon gepackte Meister Petz hat sich hinter einen Baumstamm geflüchtet; von zwei Dachshunden begleitet, dringt von links her ein Jäger auf ihn ein, um ihn mit dem Spieße abzufangen.

Auf dem von Voluten eingefassten Postamente rechts „Lentzlin", wie das Mono-gramm in der Mitte von Bühelers Hand; unter diesem in Tusche die Jahreszahl 1530, deren letzte Ziffer mit demselben Röthel, der für die Farbennotizen gedient hat, in 1 ausgebessert ist.

Feder, mit Sepia laviert: 33·8 × 24·3.

Markiges Blatt von geistreicher Erfindung; die Waidmannsgestalt des Schild-halters zählt in ihrer saftigen Urwüchsigkeit zu den charaktervollsten Typen, die Baldung geschaffen hat.

Die Lenzel, Lenzlin, eine schon im XI. Jahrhundert in Straßburg nachweisbare Ritterfamilie, waren in mehrere Linien getheilt, die verschiedene Beinamen führten. Im XIV. Jahrhunderte gab es in Straßburg zwei Häuser „zum Lentzel". 1596 ist das Geschlecht im Mannesstamme ausgestorben. Als Zeitgenosse Baldungs wird im Jahre 1523 ein Thomas, Prior zu Gengenbach, erwähnt, der recht wohl der Besteller unseres Scheibenrisses gewesen sein kann. Der weltliche Vorwurf des Blattes wenigstens würde bei der damaligen Lebensweise des Clerus kein Hindernis für diese Annahme bilden. Und Baldung hatte, wie aus einer der folgenden Nummern (42) erhellt, Beziehungen zu Gengenbach.

Knobloch, Her.-gen. Zeitschr. XIV, 126. — Schmidt, Gassen- u. Häuser-namen, S. 85.

40. Herzog Georg von Braunschweig-Wolfenbüttel, Domherr zu Straßburg.

Gevierter Schild: 1 in Roth zwei übereinander schreitende goldene Leoparden (Alt-Braunschweig). 2 in goldenem, mit fünf rothen Herzen besäetem Felde ein blauer Löwe (Alt-Lüneburg). 3 in Blau ein silberner gekrönter Löwe (Grafschaft Eberstein), 4 in rothem Felde mit silbernblau gestückter Einfassung ein goldener Löwe (Grafschaft Homburg). Auf dem goldgekrönten Spangenhelme zwei mit Pfauen-federn besetzte zackige Goldsicheln (Lüneburg); dazwischen eine wachsende rothe Säule, gekrönt, an der Spitze ein mit einem Sterne belegter Pfauenwedel; davor ein springendes silbernes Ross (Braunschweig). Decken blaugolden und rothgolden.

Die Umrahmung bildet eine in Seitenansicht gezeichnete portalartige Pilaster-architektur mit aufsteigendem Laubwerk, dessen zierliches Geranke auch den geraden Sturz überzieht. Auf den Pfeilersockeln zwei kleine, als Reliefs gedachte Reiter-figürchen in antikisierendem Geschmacke.

Auf einem von Blattwerk eingefassten Cartouche am Postamente in der Schrift Bühelers; „Brunschwig, 1531".

Feder, gelbbraune Tinte; mit Tusche und Sepia laviert. $30 \cdot 8 \times 26 \cdot 8$.

Herzog Georg von Braunschweig, in dem man mit gutem Grunde den Besteller des vorliegenden Wappens vermuthen darf, war als der sechste Sohn Heinrichs des älteren, aus dem mittleren Hause Braunschweig 1496 geboren: nach dem Tode des Vaters, 1514, überließ er im Jahre 1517 mit den übrigen Brüdern dem ältesten, Heinrich dem jüngeren (1489—1568), dem Schwager Herzog Ulrichs zu Württem-berg, die Regierung der Wolfenbütteler Lande. Damals war Georg Domprobst zu Köln und Bremen. Wann er das Straßburger Canonicat überkommen hat, ließ sich nicht feststellen Die Zimmerische Chronik erwähnt ihn schon 1532 als Domscholaster, weiterhin 1542, 1546, 1547, 1548. Nach dem Tode Bischofs Wilhelm von Honstein, 1541, war er nahe daran, dessen Nachfolger zu werden: seine Wahl unterblieb aber auf Einspruch des evangelischen Stadtregiments von Straßburg, das auf die Gefahr einer Einmischung in die Stiftsangelegenheiten hinwies, die seitens seines Bruders, des unruhigen „Heinz von Wolfenbüttel". Luthers „Hans Worst", der im folgenden Jahre von den Schmalkaldenern aus seinem Lande vertrieben wurde, zu gewärtigen sei. Allerdings scheint auch Herzog Georg selbst, der in einem Straßburger Pasquill ein „robustus venator" genannt wurde, sich nicht des besten Rufes erfreut zu haben. Gleichwohl gelang es ihm, wenn auch im vorgerückten Alter, das Ziel seines Ehr-geizes zu erreichen. 1553 erhielt er das Bisthum Minden, mit dem er 1558 das Erzstift Bremen und das Bisthum Werden vereinigte. Er hatte sich mittlerweile der neuen Lehre zugewendet, die er auch in den ihm untergebenen Diöcesen officiell einführte. Gestorben ist er am 4. December 1566.

Die Echtheit dieses Entwurfes muss bezweifelt werden. Die trockene Strenge seiner stilgerechten Renaissanceumrahmung mit ihrem elegant ge-zeichneten Rankenwerk und den Reiterreliefs auf den Pfeilersockeln verräth die An-schauung italienischer Vorbilder. Einzelne bekannt ansprechende Decorationsmotive, wie die Fünfblattrosetten in den unteren Ecken, fallen nicht ins Gewicht gegenüber dem befremdenden Gesammteindrucke, den beispielsweise das Dunzenheim-Wappen (Nr. 50, Taf. XV) trotz seiner gleichfalls sehr vorgeschrittenen Rahmenarchitektur nicht bietet. Vollends weist die kleinmeisterliche Sorgfalt in der Ausführung des Blattes von dem Straßburger Meister hinweg, dessen unter der vorigen Nummer besprochener Scheibenriss aus demselben Jahre 1531 sich gerade durch größte Breite und Frische des Vortrages auszeichnet.

Grünenberg, B. V u. XLVᵇ. — Neuer Siebmacher I, 1. Abth., Tf. 47, S. 27 — II. Grote, Geschlechts- und Wappenbuch des Königreichs Hannover und Herzog-thums Braunschweig, Hann. 1853, Tf. I, II u. IV. — Derselbe, Stammtafeln, S. 202. — Zimmerische Chronik, ed. Barack III, 209, 465, 554, 569. — Voigtel, Geneolog. Tabellen, Halle 1811, Tf. 135. — v. Heinemann, Gesch. v. Braunschweig u. Hannover, II (Gotha 1886), S. 335. — G. Droysen, Gesch. d. Gegenreformation

4*

(Onckens Allg. Gesch. III, 3, 1. Hälfte), Berlin 1893, S. 255 ff. — M. Ritter, Deutsche Gesch. im Zeitalter d. Reformation und des dreißigjährigen Krieges, Stuttgart 1889, S. 196.

41. Blick von Rothenburg.

In Silber ein schwarzes Mühlrad, das auf dem Spangenhelme zwischen einem schwarzen und silbernen Büffelhorne wiederholt ist. Decken schwarzsilbern. Rechts ein schildernder Landsknecht, der, die Beine übereinandergeschlagen, auf seinen Spieß gestützt, aus dem Bilde hinausblickt. Er steht unter einem von kurzen Renaissancecapilastern getragenen Volutenbogen, über dem eine Speerschlacht zwischen Rittern und Landsknechten (Sempach?) dargestellt ist.

Auf der Sockelbrüstung, mit dem Pinsel: „1532", darunter von Büheler's Hand: „Bliecken von Rottenburg" und das Monogramm Baldungs. Über dem Namen ein anscheinend altes Künstlerzeichen, ein mit *B* verschränktes *H*.

Pinsel- und Sepiazeichnung: 32·7 × 24·8.

Die Blick von Rothenburg (heute Rougemont bei Belfort) sind schon im Ausgange des XIV. Jahrhunderts in Straßburg nachweisbar. Das Geschlecht, das Lehen vom Reiche, die Bischöfen von Straßburg, Grafen von Bitsch u. a. m. hatte, und mit den ersten unterelsässischen Familien verschwägert war, ist 1749 im Mannsstamme erloschen. An unserer Abbildung ihres Wappens ist auffällig, dass das Mühlrad, das sie im Schilde und als Helmzier führten, nicht üblicherweise mit acht Zähnen, sondern an deren Stelle mit ebensoviel Kugeln besetzt ist. Dieses Beizeichen dürfte vielleicht auf die Spur des vorläufig unbestimmbaren Wappenherrn leiten.

Der vorliegende Entwurf rührt entschieden nicht von Baldung her. Die Composition sowohl wie der Typus des Schildhalters und das Schlachtbildchen im Kopfstücke stehen beglaubigten Arbeiten des Künstlers aus der nämlichen Zeit ebenso ferne, als sie an schweizer Scheibenrisse erinnern. Man vergleiche die ganz ähnlichen überschlanken Landsknechtgestalten auf anonymen schweizer Wappenzeichnungen bei Warnecke. „Musterblätter", Taf. 1 u. 4.

Hertzog VI, 220. — Siebmacher 1, 195, 2 (das Wappen hier irrthümlicherweise dem Blick v. Lichtenberg zugeschrieben). — Stammbuch des deutschen Adels I, 132. — Knobloch, Herald.-genealog. Zeitschr. XV, 31. — Baquol et Ristelhuber, Dictionnaire, 439.

42. Melchior von Horneck zu Hornberg, Abt zu Gengenbach.

In Gold auf rothem Dreiberg ein rothes, liegendes Hifthorn mit schwarzer Schnur; auf dem Schilde eine Inful mit schräg durchgestecktem Pedum.

Dreiberg und Horn „rott", die Schnur „schwarz" bezeichnet. Auf einer Schrifttafel am Fuße: „Melchior hornberg Apt zu Gengenbach".

Feder, die Tinte bräunlich verblasst; die Rückenbänder der Inful erst mit Blei skizziert. Stark beschnitten; 26·6 × 17·5.

Die von Hornberg stammten aus dem Hegau und gelangten durch Herrendienst und Heirat in das Unterelsass. Melchior von Horneck regierte 1531—1540 als

83. Abt das altberühmte Benediktinerkloster Gengenbach in der Ortenau. Seine Amts-
führung steht aber in wenig gutem Andenken. Er verschwendete durch schlechten
Haushalt die Klostergüter, beraubte schließlich die Kanzlei und trat zur neuen Lehre
über. Unverbürgten Nachrichten zufolge soll er aber bald reumüthig in den Schoß
der Kirche zurückgekehrt sein. Gestorben ist er 1540 im Kloster Schuttern.

Die Reichsabtei Gengenbach besaß einen Freihof in Straßburg, für den die
von Baldung entworfene Scheibe möglicherweise bestimmt war. — Ein gewirkter
Teppich mit Passionsscenen im Chor der Gengenbacher Kirche kann nicht, wie
W. Lübke, Kunstwerke und Künstler, Breslau 1886. S. 383, vermuthete, nach Compositionen Baldungs ausgeführt worden sein; denn er trägt die Jahreszahlen 1600
und 1608. (M. Rosenberg, Alte kunstgewerbl. Arbeiten auf der Bad. Kunst- und
Kunstgewerbeausstellung zu Karlsruhe 1881. Frankfurt a. M., H. Keller.)

*Grünenberg, Bl. CLXXVI. — Siebmacher 1, 118. 7. — Hertzog VI, 249. —
Knobloch, Her.-gen. Zeitschr. XIV, 109. — Zeitschr. f. Gesch. d. Oberrheins XXXIII,
128 ff. — Freiburger Diöcesan-Archiv VI, 20 ff., u. XVI, 165.*

43. Stadt Straßburg.

In Silber ein rother Schräglinksbalken. Den Schild hält mit beiden Vorder-
pranken ein nach links gekehrter Löwe, auf den Hinterbeinen und dem untergeschlagenen Schweife sitzend. Über das wildblickende Haupt ist ein Mailänder Helm
mit offenem Visier gestülpt.

Feder, die Tinte vergilbt; Farbennotizen fehlen. Der Schild ist von späterer
Hand gespalten. Wasserzeichen des Papieres: hohe Krone. 25 × 18.

Lichtdruck. Warneckes „Musterblätter". Nr. 50. Vergl. oben S. 18. Nr. 2, und
Neuer Siebmacher I, 4. Abth., Taf. 14. S. 7.

Behelmte Löwen als Schildhalter sind ein häufig vorkommendes heraldisches
Motiv. Baldung hat sich seiner auch auf dem Allianz-Wappen Müllenheim-Hohen-
stein in der Albertina (Grenser, Taf. XV) bedient. Wie dieses Blatt fällt unser
Wappen nach der prachtvollen, übrigens mehr naturalistischen als heraldischen
Zeichnung des Löwen in die Dreißigerjahre des XVI. Jahrhunderts.

44. Ludwig Graf Hohenlohe, Domherr zu Straßburg (Tafel XI).

Das Hohenlohe'sche Stammwappen: Im silbernen Felde zwei übereinander-
schreitende schwarze Leoparden mit untergeschlagenen Schwänzen. Auf dem stählernen
Turnierhelme ein flugbereiter silberner Adler mit rothen Schwungfedern, wachsend.
Decken rothsilbern.

Das Wappen steht in einem Renaissancegehäuse. Korinthisierende Säulen tragen
einen Voltenbogen mit cassettierter Leibung. Die Sockel und Ausbauchungen der
Säulen über den Basen, die Felder der Bogenleibung und die durch die Blattränder
abgeschnittenen oberen Eckzwickeln sind mit Lilien verziert. Auf dem Postamente
zwischen den perspectivisch verzogenen Säulensockeln die Inschrift: „Ludwig Graff
zu hochlöve Thumh(err) hoh(en) Stifft Straßburg".

Feder, mit Sepia laviert; die Oberseiten der Decken zinnoberroth coloriert.
Die Flügel des Adlers auf dem Helme sind mittels einer halbkreisförmigen Hilfslinie construiert. Tincturzeichen fehlen. 38·5 × 29.

Stilvoll gearbeitetes Blatt, von großartiger, echt heraldischer Haltung. Als Helmkleinod des Hohenlohe'schen Wappens erscheint hier noch ein Adler, der erst in der zweiten Hälfte des XVI. Jahrhunderts missverständlich in den gegenwärtig von dem fürstlichen Hause geführten Phönix umgewandelt wurde.

Ludwig Graf zu Hohenlohe wurde als zweiter Sohn Krafts VI., aus der Linie Hohenlohe-Weickersheim und seiner Gemahlin Helena, Tochter des Grafen Ulrichs VIII. von Württemberg, am 10. September 1486 geboren. Im Jahre 1512 erhielt er ein Canonicat in Speier, wo er zunächst auch seinen Wohnsitz nahm. 1513 wurde er Propst zu Öhringen und Domherr zu Mainz, Augsburg und Straßburg. Wann er nach Straßburg übersiedelte, ist unbekannt; 1532 zählt ihn die Zimmerische Chronik unter den anwesenden Capitelherren neben seinem um ein Jahr älteren Bruder Sigmund auf. Dieser Würde war aber Sigmund schon 1527 entsetzt worden wegen offener Hinneigung zur evangelischen Lehre, der er in seinem 1525 erschienenen „Kreuzbüchlein" Ausdruck gegeben hatte. Seit 1528 lebte er angeblich in Frankreich. zu dessen Hofe er Beziehungen hatte; in Frankreich ist er auch 1534 gestorben. Ludwig, der ihm einen Grabstein im Straßburger Münster setzte, verschied selbst am 16. October 1550 unter Hinterlassung eines unehelichen, aber legitimierten Sprösslings, der auch die Erbschaft nach ihm antrat.

Grünenberg, Bl. LXXXVI^b. — Neuer Siebmacher I., 3. Abth., 1. Reihe, Tf. 14, u. S. 9 u. 3. Reihe, Tf. 127 f., — F. K. Fürst zu Hohenlohe-Waldenburg, Das Hohenlohe'sche Wappen, Archiv f. Hohenlohe'sche Geschichte, Öhringen 1859. — Ders., Das Hohenlohe'sche Stammwappen, Württemberg. Vierteljahrshefte, 1881. — Stammtafeln des mediatisierten Hauses Hohenlohe, hrsg. v. Verein d. deutschen Standesherren, 1883, Tf. III, Nr. 151. — Zimmerische Chronik, ed. Barack III, 209, 466, 555, 558. — Bühelers Chronik, herausg. von Dacheux, pag. 77, §. 137. — Joh. Christ. Weibel, Merkwürdige Lebensgeschichte Sigmunds v. Hohenlohe, Frkf. u. Lpz. 1748, S. 30.

45. Hohenlohe.

Wappen wie vorige Nummer. Der Helm kugelförmig, mit vergitterten Augenlöchern. Um die ausgespannten Flügel des Adlers — der rechtsseitige mit dem Röthel als „weiß" bezeichnet — sind wieder Hilfslinien geschlagen Rechts oben von Bühelers Hand: „Hohlöve".

Rundscheibe. Feder, die Tinte dunkelrothbraun. Beschnitten; 21 × 20·7.

46. Solms.

Gevierter Schild: 1 und 4 ein blauer Löwe in Gold (Solms), 2 und 3 rothgolden getheilt (Münzenberg). Zwei Helme: 1 offener goldener Flug, dazwischen der blaue Löwe sitzend. 2 rother, mit Hermelin verbrämter Fürstenhut, der Knopf mit einem Pfauenstoß besteckt, der von zwei roth und goldenen Turnierlanzen mit zwei in denselben Farben getheilten Fähnlein beseitet wird. Decken golden-blau und goldenroth. Farbennotizen mit dem Röthel. Bezeichnet von Büheler: „Solms".

Rundscheibe. Feder, dunkelrothbraune Tinte; Durchmesser: 21.

Das Blatt ist die in gleicher Größe ausgeführte Wiederholung eines Solms-Wappens in der Albertina (Greuser, Taf. III). Die Tinte dieser zwei Entwürfe und des Hohenlohe'schen Rundscheibenrisses, ferner des Seldeneck- und der beiden Endingen-Wappen in der Albertina ist eine und dieselbe. Die ungefähr gleichzeitige Entstehung dieser Gruppe von Blättern erscheint zudem durch die übereinstimmende Behandlung der Decken gesichert, die, ungemein reich, kraftvoll und breit gezeichnet, die ausgeschriebene Hand des in sein letztes Entwicklungsstadium getretenen Künstlers verrathen.

Als Besteller der Wappen kommen zunächst die Brüder Otto und Wolfgang Grafen von Solms in Betracht, die Söhne Bernhards III., aus der Hauptlinie Solms-Braunfels. Beide waren Domherren zu Mainz, Cöln und Straßburg, residierten aber wenigstens schon 1532 — nach der Zimmerischen Chronik — in Straßburg, wo Wolfgang (1506—1555) Domcustos war, während sein 1504 geborener Bruder bis 1531 das Pfarramt zu Dilheim versehen hatte.

Die Cartons könnten aber auch für einen dritten Solms bestimmt gewesen sein, in dessen Auftrage Baldung in der ersten Hälfte der Vierzigerjahre die beiden jetzt in der Prado-Galerie zu Madrid befindlichen Flügelbilder mit den „Drei Grazien" und den „Drei Lebensaltern" gemalt zu haben scheint. Eine lateinische Inschrift auf der Rückseite der erstgenannten Tafel meldet, dass Friedrich Magnus Graf von Solms und Herr zu Münzenberg die Gemälde im Jahre 1547 zu Frankfurt a. M. dem Fürsten Johannes von Ligne und Aremberg geschenkt habe. Friedrich Magnus aus der Linie Solms-Laubach (1521—1561) trat die Regierung seines Ländchens 1544 an; er wurde kurfürstlich sächsischer Obermarschall, Statthalter und geheimer Kriegsrath und bekannte sich zur Augsburgischen Confession. Darum ist es einigermaßen auffällig, dass er sich veranlasst gesehen hat, die Bilder dem während des Schmalkaldischen Krieges als kaiserlicher Feldherr in Frankfurt weilenden Fürsten Ligne (gest. 1568) zu verehren.

Grünenberg, Bl. LXXXVI^b. — Siebmacher I, 3. Abth., 1. Reihe, Tf. 127 a u. b, S. 59. — Grote, Stammtafeln, S. 132. — Rud. Graf zu Solms-Laubach, Geschichte des Grafen- und Fürstenhauses Solms, Frankfurt a. M. 1865, Tab. II zu S. 44 und Tab. VIII zu S. 239 ff.; über das Wappen S. 625 ff. — Stammtafeln des mediatisierten Hauses Solms, hrsg. v. Ver. d. dtsch. Standesherren, Tf. II, Nr. 27 u. 28, u. Tf. VII, Nr. 2. — Waagen, Jahrbücher f. Kunstwissenschaft I, 55. — F. Harck, Jahrb. d. kgl. preuß. Kunstsammlungen, XI, 88 ff. — Hymans, Gazette des beaux Arts, Vol. 71, 1893, pag. 339 squ. — Colischonn, Frankfurt a. M. im Schmalkaldischen Kriege, Straßburg 1890.

47. Georg von Wittelshausen (Tafel XII).

Im Tartschenschilde ein Schildchen als Wappenbild: auf dem Spangenhelme ein bärtiger Mannsrumpf mit federbesetztem Spitzhute. Rechts steht neben dem Wappen ein Edelfräulein gesenkten Blickes, die Linke an den Helm gelegt, mit der Rechten das Überkleid aufraffend; das Leibchen, dessen Ärmelenden wie der Saum des Untergewandes mit Pelz verbrämt sind, lässt im weiten Brustausschnitte den Hemdvorstoß sehen. Unter dem gewaltigen Federbarrette fällt die reiche Lockenflut des Haares über den Nacken.

Eine Rundbogenblende, von gedrungenen Säulen getragen, bildet die Umrahmung. Darüber ein lustiges Waidmannsbild, eine Hirschjagd in gebirgiger Land-

schaft. Aus einem Bergschloss zur Rechten. zu dem eine Zugbrücke führt, zieht ein
Jäger mit geschultertem Spieße. einen Vorstehhund an der Leine, zum Birschgang
aus: vier andere Rüden, die ihm vorausgeeilt sind, verfolgen schon einen auf die
Decke gebrachten Edelhirsch mit mächtigem Geweih.

Auf der Basis die Bemerkung Baldungs: „Die lyst Jorg von wytholtzhussen
R. K. M. thurhuter". — Farbennotizen fehlen.

Feder, dunkelbraune Tinte, mit Sepia laviert; die Umrisse des Schildchens
und der Wappenhälterin von fremder Hand mit schwarzer Tinte nachgezogen.
32·8 × 24·5.

Eine der anmuthigsten Compositionen der Folge; gleich vollendet in der lebens-
vollen, fein charakterisierten Figur der Wappendame wie in der allerliebsten Miniatur-
landschaft des Kopfstückes.

Schon die reife Künstlerschaft, die in dem Blatte zum Ausdruck kommt. spricht
für eine späte Entstehung. In dieser Annahme wird man bestärkt durch die einzige
datierte Urkunde. die von der Existenz seines Bestellers, des kaiserlichen Thürhüters
Georg von Wittelshausen, Kunde gibt: sie stammt aus dem Ausgange der Dreißigerjahre des XVI. Jahrhunderts. Das im Straßburger Stadtarchive befindliche Regest
lautet nach einer freundlichen Mittheilung des Herrn Oberstlieutenants Kindler v.
Knobloch wie folgt: „Validus Jeorius de Wittelshusen, armiger, residens in Bleibach
prope Kenzingen, et honesta domina Elsa Foersterin, ejus uxor, vendiderunt capitulo
ecclesiae collegiatae in Zabern 2 flor. Gelds auf dieser Kirche um 40 flor. XI. Kalend.
Maji 1539". Bleibach bei Kenzingen ist ein unfern von Freiburg im Elzthale ge-
legenes Schwarzwalddorf. Eine zweite, von derselben Seite mir zugegangene Nachricht über den „vesten Jörg von Weittoltzhusen" enthalten die „Collectanea genea-
logica" in der Bibliothek des Baron Zorn von Bulach auf Schloss Osthausen i. E.
Sie betrifft die Mitgift seiner ersten Gemahlin Veronika von Müllenheim, die gelegentlich der Eheberedung festgesetzt wurde. Das Allianzwappen der Eltern :dieser
Veronika, Daniels von Müllenheim und Barbara von Hohenstein, gibt ein seinem
Stilcharakter nach ebenfalls in den vorgerückten Dreißigerjahren. vielleicht gleichzeitig mit der vorliegenden Zeichnung entstandener Entwurf Baldungs in der Albertina wieder (vgl. Grenser, Taf. XV, S. 14 und Knobloch, Die Herren v. Hohenstein.
Her.-gen. Zeitschr. XIII, 30).

48. von Baerenfels (Tafel XIII).

In Gold auf rothem Dreiberg ein schwarzer Bär. Der von einem schwarz-gol-
denen Wulste umwundene Spangenhelm trägt einen aus schwarzen und silbernen
Straußfedern gebildeten Wedel. Decken schwarzgolden, die Oberseite mit goldenen
Lindenblättern besäet.

Das Wappen umschließt ein kreisrunder Kranz, in den an vier Stellen Frucht-
büschel eingeflochten sind. In den Ecken des Blattes wird das Gewinde von nackten
weiblichen Halbfiguren gehalten, von denen die zur Linken mit einem Theile des
Kranzes weggeschnitten sind.

Der Dreiberg im Schildbilde bezeichnet „rotberg"; die Decken rechts oben
„dick ganz schwartz" und „lindé-blatt", neben den Umrissen eines solchen. Inner-

halb des Kranzes in Röthelschrift die Zahlen: 3, 4, 5. Rechts unten von Bühelers Hand „Berenfels".

Feder, das Wappen in tiefschwarzer, Kranz und Zwickelfiguren in stark vergilbter Tinte. Beschnitten; mit Bruchfalte. 43·5 × 34.

Liebenswürdiges, im decorativen Geiste der besten Deutsch-Renaissance erfundenes Blatt aus der Spätzeit des Meisters. Die Kranzträgerinnen sind von dem jugendlich schlanken Typus der „Drei Grazien" auf dem Bilde im Prado zu Madrid, mit denen sie auch in der Auffassung der Köpfe übereinstimmen. Noch schlagender ist die Ähnlichkeit mit den weiblichen Genien in den mehrfach erwähnten Zwickelfüllungen zweier Scheibenrisse in der Berner Stadtbibliothek.

Das Basler Geschlecht der Bärenfels, dessen Stammburg im Birsthale oberhalb Angerstein lag, gehörte zum Schweizer Uradel, wurde aber später der Ritterschaft im Oberelsass zugezählt. Nach dem Aussterben der Herren von Uesenberg waren sie Erbschenken der Bischöfe von Basel, dem sie fünf Bürgermeister gegeben und in dessen Stadtgeschichte sie wiederholt bedeutungsvoll eingegriffen haben. Im Jahre 1526 malte Baldung das Brustbild eines 55jährigen Bärenfels in reicher Patriciertracht, eine Ehrenkette um den Hals, zu seinen Häupten das Gesellschaftszeichen der Ritter „vom Fisch und Falken". Das signierte Bildnis, das den wenig anziehenden Charakterkopf mit etwas nüchterner Treue wiedergibt, befindet sich im Besitze einer Nachkommin der letzten Freiin von Baerenfels, Frau Oser-Thurneisen zu Basel. Eine alte Überlieferung erblickt in dem Dargestellten den 1438—1441 im Amte gewesenen Bürgermeister Arnold v. B. — ein Anachronismus, dem in der Zeitschrift „Schau-ins-Land", Jahrg. V (Freiburg i. Br. 1878), S. 11, unter Mittheilung eines Holzschnittes nach dem Porträt, mit Recht entgegengetreten wird. Aller Wahrscheinlichkeit nach handelt es sich um ein Conterfei Adelbergs v. B. der mit einer Ursula von Schoenau vermählt gewesen und ohne in der Familiengeschichte hervorgetreten zu sein, 1541 verstarb, oder dessen Sohnes Jakob (1497—1543), der 1528 Bürger zu Straßburg und Mitglied der adeligen Stube „zum Hohensteg" wurde und eine Nagel von Koenigsbach zur Frau hatte. In dem Straßburger Stadtviertel „Krautenau" wird 1587 ein Haus „zum Baerenfels" erwähnt, über dessen Thor noch heute ein schwarzer Bär auf einem Berge als Hauszeichen angebracht ist. Auch in Basel gibt es noch einen „Bärenfelserhof".

Grünenberg, Bl. CXXXV^b. — Neuer Siebmacher II, Abth. 10, Tf. 3, S. 2. — Baslerisches Bürgerbuch, Basel 1819, S. 38 ff. — Lehr, L'Alsace noble II, 32. — Meyer-Krauss, Wappenbuch der Stadt Basel, Tf. III. — Kindler v. Knobloch, Oberbad. Geschlechterbuch I, 34 ff. — Ch. Schmidt, Gassen- u. Häusernamen, S. 109.

49. Wolfgang Zorn von Bunzenheim (Tafel XIV).

Im rothgolden getheilten Schilde oben ein achtstrahliger silberner Stern. Auf dem Spangenhelm ein Deutschordensritter mit betend zusammengelegten Händen. Decken rothgolden. Links steht auf dem Fliesenboden eine unbekleidete Schildwächterin; die Rechte auf den Helm gelegt, ein flatterndes Linnen in der Linken, das Federbarett schräg auf dem Haupte, wendet sie die von üppigem, langem Haar umflossene Wohlgestalt dem Beschauer voll entgegen.

Die Umrahmung bilden zwei durch einen einfachen Rundbogen verbundene Deutsch-Renaissancesäulen, von denen die linksseitige bis auf das Capitell unausgeführt ist. Darüber die Darstellung einer Falkenbeize im leichtbestandenen Walde. Links der Jäger zu Pferd, einen Bussard auf der Faust, vor ihm zwei Falken und mehrere Hunde, einen nach rechts fliehenden Hasen verfolgend.

Auf dem durch einen Röthelstrich abgetrennten Fußstreifen von Baldungs Hand: „Wolff zorn von duntzenheim". Der Hintergrund des Mittelfeldes und die Säule zur Rechten „blau" bezeichnet. Von einem statt des Rundbogens beabsichtigten Astbogen sind die sich kreuzenden Laubzweige in der Mitte oben stehen geblieben. Desgleichen die Pentimenti des ursprünglich tiefer angebrachten Schildes und eine zur Construction des Sternes benützte kreisförmige Hilfslinie; ferner die ersten mit Blei angelegten Umrisse von Schild und Helm.

Feder, die Tinte vergilbt; mit Spezia laviert. 40·7 × 30.

Nach dem Dorfe Dunzenheim bei Hochfelden i. E. schrieb sich eine Linie des weitverbreiteten Geschlechtes der Zorn. Wolfgang Zorn v. D., der Besteller des vorliegenden Wappens, wird als zu Waßenberg bei Colmar wohnhaft noch 1552 erwähnt. 1533 empfieng er die bischöflichen Lehen des Mathias Beyer von Geispolzheim, der ein Jahr vorher als Letzter seines Geschlechtes auf seinem Schlosse erstochen worden war. Wolf Zorns erste Gattin, Clara von Fegersheim, stammte aus dem altstraßburger Geschlecht, für das Baldung zwei gegenwärtig in der Albertina und im Oesterreichischen Museum befindliche Scheibenrisse verfertigt hatte. Seine Tochter Kunigunde heiratete in die Familie Weitersheim, deren Wappen, von Baldung gezeichnet, das Germanische Museum besitzt.

Unser Blatt mag um 1540 entstanden sein. Die Ähnlichkeit der Schildhalterin – einer Aktstudie von feinstem Naturgefühl und Rubens'scher Formenschönheit — mit den Genien des Baerenfelswappens (Taf. XIII) und der Berner Fragmente ist überzeugend. Eine Falkenbeize auf Hasen hat Baldung auch im Kopfstücke einer anderen späten Glasgemäldevisierung, des für Thomas von Eudingen bestimmten Wappens in der Albertina (Grenser, Taf. XI), dargestellt.

Hertzog VI, 295, 309. — Schöpflin, Alsatia illustrata II, 642. — Knobloch, Her.-gen. Zeitschr. XIV, 91.

50. Beatus von Dunzenheim, Ammeister von Straßburg (Tafel XV).

In Schwarz ein silberner Balken, begleitet von drei silbernen, 2 zu 1 gestellten Rosen. Auf dem Stechhelme zwei schwarze Eselsohren. Die schwarzsilbernen Decken sind an Troddeln befestigt, die durch die Sehspalten des Helmes hindurchgezogen sind. Zwei nackte Flügelknaben, die in Tuben stoßen, halten den Schild; der rechts Stehende ist vorwärts gekehrt, der zur Linken zeigt den Rücken.

Feder, schwarze Tinte. Wenig beschnitten; 27·7 × 24·3.

Dieses Wappen findet sich in Coburg irrigerweise in den Rahmen des Eberstein-Wappens (Nr. 29) eingeklebt, während die zu ihm gehörige Einfassung zusammen mit dem Wappen der Dürrmentz (Nr. 35) aufgezogen ist.

Die in unserer Abbildung mit dem Wappen wieder vereinigte Umrahmung stellt einen Thorbogen im Hochrenaissancestile dar, der wie das Wappen linkshin orientiert und daher in perspectivisch verschobener Seitenansicht gezeichnet ist. Auf breiten, pilasterartig gegliederten Pfeilern mit laubgeschmückten Basen und grünen Blättercapitellen ruht ein flaches Tonnengewölbe, dessen Leibung in wechselweise mit Rosetten und Vierpässen gefüllte Felder getheilt ist. Als Träger des Architravs treten über den Pfeilercapitellen — von dem Bogen durch goldene Zwickel getrennt — kleine Eckpfosten vor die Front. Die Brüstung zwischen den niedrigen Pfeilersockeln erscheint links überschnitten. Sie trägt die kaum von der Hand Baldungs herrührende, aber doch der Entstehung des Blattes ungefähr gleichzeitige Frakturinschrift: „Bath von Duntzenheym . 1542".

Das zweimal, auf dem Pfeiler rechts und dem linksseitigen Sockel, wiederkehrende Monogramm: HB, sowie vereinzelte Farbennotizen sind vom Glasmaler mit dem Röthel beigefügt. Desgleichen die Angabe „typf" (licht?) in dem Zwischenraum zweier Felder an der Leibung des Bogens, zu dessen Seiten, rechts und links, Constructionslinien sichtbar sind.

Die Umrahmung zeigt den Künstler im Vollbesitze der Decorationsformen des neuen Stils, den er hier mit constructivem Verständnisse und in einer bei ihm ungewöhnlichen Reinheit der Details zur Anwendung gebracht hat. Besonders überraschend ist der monumentale Charakter dieses als Steinarchitektur gedachten Prachtportals und das, trotz des kleinen Maßstabes, in ihm entwickelte Raumgefühl. — Die Posaunenengel sind dem Stiche Dürers, Bartsch 66 entlehnt: dieselben Genien auf der Baldung zugeschriebenen Druckermarke Th. Anshelms (Butsch. Bücherornamentik d. Ren., Taf. 75).

Außer der unter der vorigen Nummer besprochenen Linie der Zorn nannte sich nach dem Dorfe Dunzenheim auch ein Straßburger Bürgergeschlecht, dessen „Hof" schon 1295 erwähnt wird und aus dem in der ersten Hälfte des XVI. Jahrhunderts mehrere Ammeister hervorgegangen sind. Bath (Beatus) v. D., der schon 1520 als „armiger" (Geschlechter) urkundlich auftritt, wurde eben im Entstehungsjahre unseres Scheibenrisses, 1542, von der Schneiderzunft zum regierenden Ammeister gewählt und verblieb, da sein Nachfolger erkrankte, bis zum 19. Februar 1543 im Amte. Am 22. November desselben Jahres ist er gestorben.

Baldung scheint gerade in seiner letzten Zeit mehrfache Beziehungen zu Rathspersonen unterhalten zu haben. Aus seinem Todesjahre 1545, in dem er selbst von der Malerzunft „zur Steltz" in den „Großen Rath" entsendet worden war, datiert das Brustbild des Altammeister Nikolaus Kniebs im Karlsruher „Skizzenbuche" (Rosenberg, Taf. 14). Und der Straßburger Sammler Balthaser Ludwig Künast besaß nach dem Kataloge seiner „Kunstkammer" von 1673 unter Nr. 414 ein heute verschollenes Doppelporträt des Künstlers aus demselben Jahre 1545, das den Ammeister Mathias Geiger († 1549) und seine Hausfrau darstellte.

Bei diesen Arbeiten aus dem letzten Lebensjahre Baldungs wird man sich zu erinnern haben, dass sein Heimgang erst im September 1545 erfolgte. Der Todesmonat ist sowohl von Eisenmann wie in den übrigen biographischen Darstellungen bisher übersehen worden, obwohl ihn der Straßburger Archivar Ludwig Schneegans schon 1855 im „Anzeiger für Kunde der deutschen Vorzeit", N. F. II, 311 f., mitgetheilt hatte. In der Rathsherrenliste von 1545 im Straßburger Stadtarchive findet sich neben dem Namen des Malers die gleichzeitige Randnotiz „obiit

Septembri". Kindler v. Knobloch, der die Nachricht wieder aufgefunden zu haben scheint, überließ sie Grenser (Her.-gen. Zeitschr. VII. 4) und macht von ihr selbst Gebrauch in seinem Baldung-Artikel im Oberbadischen Geschlechterbuche. I. 38.

Darmstädter Ammeisterbüchlein Nr. 90. — Hertzog VIII, 96 f. — Pastorius Kurze Abhandlung von den Ammeistern der Stadt Straßburg (Straßb. 1761), S. 186. — Knobloch, Her. gen. Zeitschr. XIV, 91. — Rietstap, Amorial gén. I, 576. — Ch. Schmidt, Gassen- u. Häusernamen, S. 168. — Seyboth, Das alte Straßburg, S. 24.

51. Johann Graf Isenburg. Domherr zu Straßburg.

Gevierter Schild: 1 und 4 zwei schwarze Balken in Silber (Gerlachische Linie). 2 und 3 zwei rothe Balken in Silber (Remboldischer Hauptstamm). Die beiden Spangenhelme tragen offene, mit je zwei Balken in den Schildfarben belegte Flüge. Decken schwarzsilbern und rothsilbern. Von der Umrahmung ist rechts ein stämmiger Renaissancepfeiler erhalten, dessen pilasterartig gegliederte Vorderseite mit drei Rosettenmedaillons besetzt ist; auf seinem Kelchcapitäle ruht ein mit einem eierstabähnlichen Ornamente geschmückter Rundbogen, dessen Schlussstein eine kräftige Rosette bezeichnet. Unten, auf einer von zwei gestürzten Voluten eingefassten Schrifttafel, von der Hand Bühelers: „Johann Groff zu Issenburg".

Feder, braune Tinte. Die in Tusche und Wasserfarben ausgeführten Tincturen wohl spätere Zuthat. Beschnitten; 29·2 × 20·8.

Das noch gegenwärtig in einer fürstlichen und einer gräflichen Hauptlinie blühende uralte Grafengeschlecht der Isenburg stammt aus dem Niederlahngau; die Burg Isenburg stand zwischen Coblenz und Neuwied. Heinrich der ältere († 1552), aus der Salentinischen oder Niederisenburgischen Linie, brachte durch Erbschaft die Burg Grensau am Niederrhein von der Büdingischen Seitenlinie in Grensau an sich und siegelte im Jahre 1542 zuerst mit dem vorliegenden, durch die Gerlachischen Balken vermehrten Wappen, dessen sich auch sein ältester Sohn aus der Ehe mit der Gräfin Margaretha zu Wertheim, Johann Graf zu Isenburg, der Besteller unserer Zeichnung, nachweisbar im Jahre 1563 bediente. Es war Domherr zu Trier und Straßburg, residierte aber an dem letzteren Stifte; die Zimmerische Chronik zählt ihn 1532, 1542 und 1546 — in diesem Jahre als „custos" — unter den anwesenden Capitelherren auf. Nach dem kinderlosen Tode seines jüngsten Bruders Simon (1553) verzichtete er auf seine Präbenden, übernahm die Verwaltung der väterlichen Herrschaft und vermählte sich, um den Stamm zu erhalten, 1563 mit der Gräfin Erica zu Manderscheidt; er starb jedoch ohne Hinterlassung von Leibeserben schon zwei Jahre später, 1565.

Die oben ausgesprochene Vermuthung, dass die Bemalung unseres Wappenentwurfes erst nachträglich erfolgt ist, wird durch die verkehrte Anbringung der Tincturen bestätigt. Da der Schild nämlich weder links-, noch rechtsgeneigt ist, sondern aufrecht steht, eine Orientierung der Scheibe nach einer bestimmten Richtung, also, wie auch aus der in Vorderansicht gezeichneten Umrahmung hervorgeht, nicht beabsichtigt war, so hätten die Plätze 1 und 4 den Vorrang haben sollen; hier hätten daher die rothen Balken des auch von der Linie Niederisenburg geführten Remboldischen Stammwappens erscheinen sollen, während die Gerlachischen schwarzen Balken, als neu hinzu erworben, den Feldern 2 und 3 zuzuweisen waren. — Das Helmkleinod der Isenburg war bis zur Mitte des XV. Jahrhunderts ein geschlossener Flug, in der Regel mit Lindenblättern besäet — ein von der gefürsteten Linie noch heute beibehaltenes Beizeichen. Einen geschlossenen, mit den Schildbalken belegten Flug zeigt auch das im Neuen Siebmacher I, 3. Abth., Taf. 179 reproducierte Wappen desselben Grafen Johann v. Isenburg, für den unsere Zeichnung bestimmt war. Auf dieser aber sind die Flüge offen gegeben, obschon die Helme im Profil und nicht von vorne gesehen sind; offene Flüge, die später häufiger werden, finden sich früher nur vereinzelt auf den Siegeln des Herrn Gerlach zu Isenburg und zu Greusau aus den Jahren 1449 und 1502.

Die Autorschaft Baldungs an unserem, jedenfalls den Vierzigerjahren des XVI. Jahrhunderts angehörigen Scheibenrisse erscheint, obgleich manches ornamentale Einzelmotiv, wie die bei ihm so beliebte Rosette, für sie sprechen würde, des Gesammtcharakters der Composition wegen mehr als fraglich. Wenigstens muss man Bedenken tragen, den Zeichner des Dunzenheimwappens von 1542 (Taf. XV) mit seiner architektonisch wohldurchdachten Prachteinfassung für eine so ungeschickte Raumdisposition verantwortlich zu machen, wie sie dieses Wappen aufweist, dessen Flügelkleinode den krönenden Rundbogen zu durchstoßen scheinen. Immerhin sei die Möglichkeit zugegeben, dass hier ein schwaches Altersproduct des Meisters vorliegt.

Grünenberg, Bl. CXCII. — Neuer Siebmacher I, 3. Abth., 1. Reihe Tf. 178 u. 179, S. 80, u. Abth. 3a, Tf. 144, S. 115 ff. — Ebenda II, 1. Abth., Tf. 7, S. 13, u. 5. Abth., Tf. 2, S. 2. — J. A. Rudolphi, Neuvermehrte heraldica curiosa. Frankfurth 1718, I, 33. — Stammtafeln des mediatisierten Hauses Ysenburg, herausg. v. Ver. d. deutsch. Standesherren, 1887, Tf. XV. — Zimmerische Chronik, ed. Barack III, 209, 466, 551. — G. Simon, Gesch. d. reichsständischen Hauses zu Ysenburg und Büdingen, Frankfurt a. M. 1865, II, 97 u. 195. Stammtafel zu S. 103.

Wappenzeichnungen Baldungs im k. k. Österr. Museum in Wien.

Die nachstehend verzeichneten Scheibenrisse, deren bereits die Einleitung als minderwertiger Arbeiten gedacht hat, waren bisher unbekannt; sie sind vor ungefähr zwanzig Jahren geschenkweise in das Österr. Museum gekommen, wo sie der Sammlung von Originalzeichnungen einverleibt wurden.

1. Fegersheim.

Im silberngerandeten rothen Schild ein goldener Balken; auf dem gekrönten Spangenhelm ein rother Spitzhut mit goldenem Kugelknopf. Decken rothgolden.

Auf dem Grasboden steht rechts eine Schildhalterin in ausgeschnittenem Leibchen und blauem Rock, über den sie ihr grünes Oberkleid emporhebt. Den Kopf, dessen eigenthümliche Haartracht eine Art Diadem zusammenhält, seitwärts gewendet, greift sie mit der Rechten nach dem Schilde. Ein gothischer Astbogen, aus den mit Fialen besetzten Einfassungssäulen wachsend, umschließt den blauen Grund (Damast?). Darüber eine Hirschjagd im Walde. Einem im gestreckten Laufe nach rechts fliehenden Zwölfender setzt ein Windhund nach, dem ein Jäger mit geschultertem Spieße, das Hifthorn blasend, folgt.

Feder, schwarzgraue Tinte. Das unter dem Schilde angebrachte Monogramm des Künstlers und die mit dem Blatte gemeinsam aufgezogene, aber nicht zu ihm gehörige Unterschrift: „Wolff von Uttenheim" von der Hand Bühelers. Wasserzeichen des Papieres: hohe Krone. Beschnitten: $32 \cdot 2 \times 23 \cdot 8$.

Nach dem Dorfe Fegersheim bei Straßburg nannte sich ein schon im XIII. Jahrhunderte nachweisbares, 1627 ausgestorbenes Patriziergeschlecht, das mit den Rathsamhausen und Weißbrötlin einerlei Stammes und Schildes war. Der Besteller unserer Zeichnung war vielleicht Sebastian v. Fegersheim, Amtmann zu Wilstetten, der Schwager jenes Wolf Zorns v. Dunzenheim, für den die Coburger Glasgemäldevisirung Nr. 49 (Taf. XIV) bestimmt gewesen. Das Familienwappen seiner Frau, einer Salome von Sulz, gibt der nachfolgende, im Auftrage ihres Bruders ausgeführte Scheibenriss wieder. Einen anderen Entwurf Baldungs zu einem Glaswappen der Fegersheim bewahrt die Albertina (Grenser, Taf. XIII). Er ist entschieden jüngeren

Ursprungs als das vorliegende Blatt, das nach der Ähnlichkeit seiner Umrahmung mit den Einfassungen des Wappens Ulrichs zu Würtemberg in Coburg (Nr. 8), des Brechter-Wappens in Bern und des Pfeffinger-Wappens der Albertina (Grenser, Taf. XIV) gewiss in die Frühperiode des Künstlers zurückgeht. Für diese ist vorab die holzschnittartige Manier der Federschraffierung charakteristisch — von den hölzern bewegten Thieren der Jagdscene, namentlich dem gänzlich verzeichneten Windhunde zu schweigen, die allein schon eine spätere Entstehungszeit ausschließen.

Auf der Rückseite des Blattes findet sich eine Rohrfederzeichnung von anderer Hand: ein bürgerliches Schwanenwappen mit einem Bannerträger als Schildhalter.

Hertzog VI, 244 f. — Siebmacher I, 193. — v. Meding, Nachrichten von adeligen Wappen II, 234. — Stammbuch d. deutschen Adels I, 357. — Lehr, L'Alsace noble II, 93. — Kraus, Kunst und Alterthum in Elsass-Lothringen I, 59. — Knobloch, Her.-geneal. Zeitschr. XIV, 96.

2. Hans Jakob von Sulz.

Im blaugolden gespaltenen Schilde rechts ein goldener sechsstrahliger Stern über einem goldenen Halbmond; auf dem Spangenhelm ein in den Schildfarben gekleideter Weibsrumpf mit goldenen Büffelhörnern statt der Arme. Decken blaugolden.

Die Umrahmung wird durch gestutzte Baumstämme gebildet, die auf gothischen Basen und Pfeilersockeln aufsitzen und deren Astwerk sich über dem rothen Grund rundbogenförmig verschränkt. In den seitlichen Zwickeln darüber je ein Liebespaar. Rechts ein auf dem Rasen sitzendes Mädchen im Federbarett über dem lang herabfallenden Haare, einem vor ihr stehenden Manne in Haube und Waffenrock die Rechte reichend; hinter ihnen spielt ein auf dem Boden hingeräkelter junger Mensch mit einer Narrenkappe auf dem Kopfe die Flöte. Links knieen eine Frau und ein landsknechtisch gekleideter Mann in zärtlicher Umarmung auf dem ansteigenden Baumast.

Feder, schwarzgraue Tinte. Unten das Monogramm des Künstlers und die abgetrennte Namensbezeichnung: „Hanns Jakob vonn Sultz" von Bübeler. Wasserzeichen des Papieres: hohe Krone. Beschnitten; mit Bruchfalte. 32 × 24.

Der Inhaber des vorliegenden Wappens, Jakob von Sulz, Amtmann zu Bußweiler, war der älteste Bruder jener Salome, die den Sebastian von Fegersheim, den muthmaßlichen Besteller der oben besprochenen Zeichnung, geehelicht hatte. Das kräftig behandelte Blatt ist wohl gleichzeitig mit dieser und dem Pfeffinger-Wappen der Albertina, mit dem es im Stile der Umrahmung wie in den Motiven der Zwickelbildchen völlig übereinstimmt, noch im ersten Jahrzehnt des XVI. Jahrhunderts verfertigt worden.

Hertzog VI, 281 f. — Siebmacher I, 196. 1. — Rietstap, Armorial général II. 867.

3. Unbekannt.

Ein leerer, von einem Spangenhelm mit reichen Decken und einem Löwenhaupte als Kleinod überhöhter Schild steht innerhalb einer laubenartigen Umrahmung, die rechts von einem mit Sockel und Capitell versehenen, mit einer Fiale gekrönten Baumstamm flankiert wird.

Oben ein Jagdbild. Ein berittener Jäger verfolgt mit zwei Windhunden einen durch einen Wald nach links fliehenden Hirsch. Weiter zurück zwei andere Hunde auf der Fährte eines Wildschweines; hinter ihnen ein Jäger mit Sauspieß und Hifthorn.

Feder, schwarze Tinte. Wasserzeichen des Papieres: hohe Krone. Beschnitten; mit Querbruch; 40·8 × 28·9. — Bühelers Beischriften fehlen.

Schülerhafte Gesellenarbeit, wohl aus dem Anfang des XVI. Jahrhunderts: die Thiere des Kopfstückes, namentlich die Windhunde ganz ähnlich verzeichnet wie die in dem Oberbildchen des Fegersheim-Wappens, Nr. 1.

4. Allianz: Stammheim-Landeck.

I. Im rothsilbern schräg getheilten Schilde ein grüner Papagei mit goldenem Halsbande. Auf dem Spangenhelm ein in den Schildfarben getheilter Schwanenhals. Decken rothsilbern (Stammheim). II. In Roth drei (silberne?) Ringe: auf dem Spangenhelm ein offener Flug. Decken rothsilbern (Landeck).

Rundscheibenentwurf, geringe Werkzeichnung. Feder, braune Tinte. Der Grund oben bezeichnet: f(iolett?). Das Monogramm in der Mitte unten und die neben den Kleinodien auf angeklebten Papierstreifen beigeschriebenen Namen von Büheler. Beschnitten: 19 × 20·7.

Die Stammheim waren ein altes würtembergisches Rittergeschlecht, das, im Oberamte Ludwigsburg sesshaft. 1100—1588 vorkommt. Welchem Geschlechte das Frauenwappen angehört, vermochte ich nicht festzustellen. Die elsässische Familie Landeck, die wohl mit dem Schnewlin v. Landeck identisch war, führte ein anderes Wappen (s. Rietstap, Armorial, II, 15). Auch eine Verschreibung statt „Landenberg" ist kaum wahrscheinlich. Dieses berühmte schwäbische Geschlecht führte wohl denselben Schild, aber ein abweichendes Flugkleinod.

Siebmacher II, 100. 11. — Stammbuch d. deutschen Adels IV, 13. — Rietstap II, 822.

5. Allianz: zum Bach.

I. In Silber ein blaues Doppelkreuz, belegt mit einem von Blau und Silber zu 21 Plätzen geschachten Herzschilde; auf dem Spangenhelm ein gekrönter Löwe, zwischen zwei Büffelhörnern sitzend. II. In Blau ein goldmontiertes. von Silber und Roth viermal gestücktes Steinbockshorn, das auf dem gekrönten Helm wiederholt ist. Bez. „zum Bach".

Rundscheibenentwurf, von der Qualität der vorigen Nummer. Feder, braune Tinte. Der Grund mit dem Röthel oben „blau", unten „grün" bezeichnet. Zwischen den Kleinoden althandschriftlich: „ganze". Zwischen den Schilden das von Büheler beigefügte Monogramm. Wasserzeichen des Papieres: hohe Krone. Beschnitten; 20·5 × 21.

Das Mannswappen der vorliegenden Allianz bezieht sich nach einer Vermuthung Jos. Klemmes auf einen Wittelsbachischen Bastard. Der Herzschild reproduciert nämlich das bayrische Stammwappen und mit dem Kleinod scheint der goldene, rothgekrönte Pfälzer Löwe gemeint zu sein.

Die von Bach waren ein oberbadisches Geschlecht, dessen Stammburg bei Bühl stand. Sie waren Lehensleute der Bischöfe von Straßburg, der Markgrafen von Baden, der Pfalzgrafen bei Rhein und der von Geroldseck. Ein Georg von Bach war 1507 im Gefolge des Markgrafen Philipp beim Einritte Bischof Wilhelms in Straßburg; er erscheint als Stifter, hinter seinem Schilde knieend, auf einem 1518 datierten Glasgemälde mit der Madonna im Strahlenkranze, früher in der Klosterkirche zu Ottersweier bei Bühl, gegenwärtig im neuen Rittersaal von Schloss Eberstein bei Baden.

Grünenberg, Bl. 137ᵇ. — Kindler v. Knobloch, Oberbad. Geschlechterbuch, S. 25 f. — Hertzog IV, 119. — Freiburger Diöcesan-Archiv XV, 57 f.

6. Unbekannt.

Ein Chorherr in Cappa, Almutium und Birettum adoriert im Freien, nach rechtshin knieend, mit betend zusammengelegten Händen das „Wappen Christi" : das mit Spruchband, Dornenkrone, Scorpion und Ruthe behängte Kreuz, in dessen Stamm ein Nagel eingeschlagen ist und an dem der Ysop mit dem Schwamme und die Lanze lehnt. Vor ihm sein Familienschild, darin vier Balken, hinter ihm eine leere Bandrolle.

Feder, braune Tinte. Der Grund „rott". Neben dem Schilde das Monogramm. Mehrfach gebrochen; in der Mitte Ergänzungsstelle. Rundscheibe. Beschnitten; Durchmesser 26·5.

Breit gehaltene, jedenfalls echte Skizze des Meisters, anzusetzen um 1510. — Auf dem neuerdings Baldung zugeschriebenen Kelterbilde in der Georgenchor-Kapelle von St. Gumbertus zu Ansbach erscheint der Stifter, der Dekan Mathias von Gülpen († 1475) in ähnlicher Auffassung wie der Besteller unseres Votivscheibenentwurfes (Abb. J. Meyer, Erinnerungen an die Hohenzollernherrschaft in Franken, Ansbach, Brügel, 1890, S. 30). In Anschlusse an diese sei einer anderen allerdings nur vermuthungsweise dem Straßburger Künstler beizumessenden Visierung gedacht, in der gleichfalls nicht das Wappen, sondern Stifterfiguren die Hauptrolle spielen. Eine derartige Composition der Leipziger Carton, wurde bereits unter Nr. 28 der Coburger Folge besprochen. Entwürfe für Figurenfenster sind sonst auffällig selten im Werke Baldungs, obgleich gerade die einzigen erhaltenen Glasgemälde, die mit Bestimmtheit auf Vorlagen seiner Hand zurückgeführt werden können, dieser Gattung angehören. Gemeint ist die oben, S. 15 erwähnte Reihe im Freiburger Münsterchor, deren Dreizahl, nebenbei bemerkt, durch das Doppelfenster der Locherer-Kapelle noch vermehrt werden kann, das in der „Kunstchronik", N. F. VI. 327 — wo die ganze Gruppe zum erstenmale mit dem Künstler in Verbindung gebracht wurde — nur seiner Richtung zugewiesen worden war (vgl. Baer. Baugeschichtl. Betrachtungen über U. l. Frauen Münster, Freib., 1889, S. 75 und K. Schaefer, Das alte Freiburg. ebd. 1895, S. 70). Weiterhin wären noch ein Scheibenriss mit der Madonna auf der Mondsichel in Coburg und ein zweiter gleichen Gegenstandes, mit dem hl. Laurentius und zahlreichen Engeln in Renaissanceumrahmung, dieser im British Museum, zu nennen (Woltmann, Deutsche Kunst im Elsass, Lpz. 1876, S. 293). In der Kupferstichsammlung der Universität Göttingen befindet sich nun ein, obschon offenbar nur für den unteren Theil einer Kirchenscheibe bestimmter, durch außergewöhnliche Größenverhältnisse (42·5 × 31·5 cm) ausgezeichneter Federentwurf. den Prof. Rob. Vischer für Baldung in Anspruch zu nehmen geneigt ist. Spätgothische Gestäbsockel rahmen die Darstellung beiderseits ein. Rechts steht der Wappenschild. darin ein einfaches Kreuz — eine ungemein verbreitete „Heroldsfigur". die bei dem Mangel von Tincturangaben eine Bestimmung des Wappens leider nicht gestattet. Hinter dem Schilde knieen in einer Reihe die Mitglieder einer Donatorenfamilie, acht Männer und zwei Knaben, im Gebete. Ihre Namen sind in bewegten Schriftbändern über ihren Köpfen verzeichnet. Zuvorderst der Vater, im Harnisch: Veltin (Valentin). Nach ihm die erwachsenen Söhne: Bernhard. Bastion (Sebastian), Jacob, Valentinus, Bonifacius, Udalricus, Wolfgangus; zum Schlusse zwei Knaben: Ludwig und Jörg. Für die Trachtengeschichte beachtenswert sind die Costümnotizen, die als Anweisung für den Glasmaler oben auf dem Blatte von gleichzeitiger Hand angebracht sind. Da ihre Einlässlichkeit zugleich von der Wichtigkeit Zeugnis gibt, die man den Wappenfenstern als einer Art Familiendenkmäler beilegte, folgen sie hier in dem von Prof. Vischer festgestellten Wortlaute: „Item vff diser eyn knyends paar mit eym wappen. nach Im komen eyn doctor mit eyner haseck (Mantel) vnd eyn rott pareit (Barett). noch dem sollen zween mit rocken mit eragen, wie mauss ezend (jetzund) dragt, vnd eyn pfaff mit eyn vecheyn (lichtgrau .von „vēch", Hermelinpelz) kutzhut (Filzhut), mit eynem preit (Barett) in der Hend. der sol nach dem doctor kumen. noch den zweyen drey henda (hinter) eynander. eyner mitt eynem welschen rock mit Letsch (Lätzen). sollen Jung seyn. vmb XX jar. vnd noch eyner. ouch knyend. disse hinder eynander, vnd darnach zwen gantz jung knaben oder kind, sollen wysse hemdlyn an haben vnd krentzlyn vff. Disse Fisierung machen. den vatter. den wapen vnd" — hier ist die Fortsetzung abgerissen.

7. Müllenheim.

In Blau eine fünfblätterige silberne Rose mit rothem Butzen. Den mehrfach ausgekerbten Renaissanceschild umgibt eine gothisch stilisierte Rankenbordure.

Rundscheibe. Feder. braune Tinte. Beschnitten: Durchmesser: 21·5.

Über die Müllenheim vergleiche die Bemerkung zur Coburger Zeichnung. Nr. 3.

8. Unbekannt.

In Roth der goldene Reichsapfel. darauf ein lateinisches Kreuz, dessen Kugelenden mit Kleeblättern besetzt sind.

Den Schild umschließt ein schwungvoll gezeichnetes Ranken- und Blumenornament von einfacher. aber reizvoller Erfindung.

Rundscheibe. Feder, braune Tinte. Wasserzeichen des Papieres: hohe Krone. Beschnitten; Durchmesser 21·5.

Das Wappen, das vielleicht einer mit den Müllenheim alliierten elsässischen Familie angehört. ist als Gegenstück zur vorigen Nummer gedacht. Die Entstehung beider Blätter fällt. nach der reifen Durchbildung der ornamentalen Compositionen zu schließen. ungeachtet ihres noch gothischen Grundcharakters. wohl schon in den Beginn des zweiten Jahrzehnts des XVI. Jahrhunderts. Vergleiche die Coburger Zeichnung. Nr. 13 (Taf. II). Beischriften Bühelers fehlen.

9. Johann Andreas Wolf, Canonicus von Jung-St. Peter zu Straßburg.

Im gespaltenen Schilde rechts ein blauer und goldener Balken, begleitet von einem goldenen sechsstrahligen Stern in Schwarz und einem goldenen Halbmond in Blau; links ein aufrechter Wolf, blau in Gold. Rechts hält den Schild eine hinter ihm vor blauem Luftgrund auf dem Rasen stehende nackte Waldfrau mit langem, zur Seite gewehtem Haare, einen Ring in der erhobenen Rechten, den Kopf von einem Spruchbande umwallt. — Die Figur ist nur in den Umrissen angelegt. Von der Umrahmung hat sich lediglich eine Gewölbekappe erhalten.

Zwischen den Füßen der Figur Baldungs Monogramm von Büheler. Auf dem Fußstreifen in der Schrift des Künstlers: Joannes andreas wolff canonicus sti petri junioris 1516, darunter: wilds wiblyn. Links daneben eine kleine Skizze des Schildes mit Farbennotizen.

Feder, schwarze und braune Tinte. Beschnitten; 27·8 × 16.

10. Lorenz Hell. Decan von Jung-St. Peter zu Straßburg.

Im blauschwarzgetheilten Schilde ein goldener achtstrahliger Stern über einen silbernen Halbmond. Links steht vor dem rothen Grund, unter einer mächtigen Bandrolle, ein wieder nur in den Umrissen skizzierter Waldmensch mit einem Baumstamm in der Rechten, als Schildhalter. Das Monogramm links neben dem Schildfuße; daneben: Laurencius hell Decanus sti petri junioris 1516. Auf dem Fußbande Namen und Datum von der Hand des Künstlers wiederholt, darunter „wild man vnd zedel oben doruber", mit einer kleinen Skizze des Wappens.

Feder, braune und schwarze Tinte. Auf der unteren Schildhälfte „veld schwarz". Beschnitten; 26·5 × 16.

Das 1031 zu einem weltlichen Stifte umgewandelte Jung-St. Peter-Kloster zählte zu den ersten Straßburgs und des Elsasses; es wurde erst in der Revolutionszeit aufgehoben. Baldung hatte zu dem Capitel nahe Beziehungen, da seine Frau Margaretha die Schwester des Canonikers Haerlin von Jung-St. Peter war. Vielleicht erklärt sich hiedurch, dass er 1516, wo er seinen ständigen Wohnsitz noch in Freiburg hatte, dazu kam, die Wappen der beiden Straßburger Stiftsherren zu zeichnen.

Der Besteller des ersten, Joh. Andr. Wolf, war der später zum Decan von Alt-St. Peter beförderte Bruder des Thomas Wolf von Eckbolsheim, der als Gelehrter zu den Zierden der Capitel von St. Thomas, Jung- und Alt-St. Peter gehörte.

1520 wird Johann Andreas in einem wenig ehrenhaften Handel genannt. Mit seinem Bruder Cosmas, Canoniker am selben Stifte, vergewaltigte er die Tochter des Straßburger Stadtadvocaten Murner, der gegen einen wegen eines ähnlichen Verbrechens aus Straßburg entflohenen Stiftsherrn von St. Thomas beim päpstlichen Stuhle in Rom Klage geführt hatte. Dieser Racheact, der auf die Sittenverderbnis des damaligen Clerus ein grelles Streiflicht wirft, gab zu Weiterungen zwischen dem Stadtmagistrate und dem Stifte Jung-St. Peter Anlass. Eine Flugschrift Murners, die den Fall veröffentlichte, regte die öffentliche Meinung in hohem Maße auf und hat zur raschen Ausbreitung der neuen Lehre in Straßburg wesentlich beigetragen.

Lorenz Hell, der Träger des zweiten Wappens, wird schon 1477 als Vetter des vorgedachten Thomas Wolf und somit auch des Joh. Andreas erwähnt; er war

5*

damals Canonicus zu Alt-St. Peter. 1517 unterzeichnet er als Decan von Jung-St. Peter eine Streitschrift der vier Straßburger Capitel gegen die Dominikaner, die der Curie überreicht wurde.

Beide Blätter, offenbar Gegenstücke, sind charakteristische Leistungen des Künstlers. Das auf die Seite gewehte Flammenhaar der „wilden Frau" auf dem Wolf'schen Wappen ist sonst ein häufiges Attribut der Hexen Baldungs; man vergleiche beispielsweise den Zweiplattenholzschnitt „Hexensabbath", Bartsch 55 (Abb. Lützow, Gesch. d. dtsch. Kupferstiches u. Holzschnittes, S. 171). Der Kopf des wilden Mannes auf dem anderen Wappen hat im Ausdrucke viele Ähnlichkeit mit dem bekannten Kreidestudienkopf von 1516 in der Albertina (Phot. Braun).

Baldung hatte eine bei seiner künstlerischen Veranlagung leicht erklärliche Vorliebe für das phantastische Geschlecht der Waldmenschen, die sich als „Waldfenken" am ganzen Vorderrhein und nicht zum Letzten in Straßburg — wo es eine Herberge zum „wilden Mann" und eine Bäckerei „zu dem wilden Wibe" gab — einer grossen Popularität erfreuten. Schon auf den Coburger Wappen, Nr. 3 und 23, sind uns „wilde Frauen" als Schildhalterinnen begegnet. Waldmänner finden sich häufig auf Holzschnitten des Meisters. So auf einer Illustration zu dem allegorischen Gedicht „Die Welschgattung", Straßburg. M. Schürer, 1513 (Eisenmann 151), auf dem Wappen des Joh. Indagine in dessen Werke „Introductiones etc. in Chyromantiam", Straßburg, H. Sebott, 1522 (Eisenmann 155), endlich auf dem bisher Wächtlin zugeschriebenen Druckerwappen des Reinhart Beck (Abb. bei P. Heitz, Elsäß. Büchermarken, Straßburg 1892, Tf. XIV u. XV und Ch. Schmidt, Rép. bibl. IV, Tf. II u. III). Dieses 1511 entstandene Signet, zählt jedoch mit seiner auch selbständig, als Titeleinfassung, verwendeten Umrahmung, der Ansicht eines Thiergartens — ein solcher war das Zeichen des Hauses, in dem Beck's Offizin stand — zu den reizvollsten graphischen Erzeugnissen Baldungs. Hingegen wird die Titeleinfassung der von ihm illustrierten „Zehn Gebote", Straßburg, Grüninger, 1516 — in der eine ganze Waldmenschenfamilie in gothischem Astwerk ihr Wesen treibt — trotz Manches, was an seine Art erinnert, besser Wächtlin zu belassen sein. (Kristeller, Straßburg. Bücherillustration, Abb. 24.) Baldung vollends fremd ist die Titelbordure aus M. Hupfuffs Officin in Straßburg mit dem schildhaltenden Waldmenschenpaare unten, für die sein Name von Butsch, Bücherornamentik d. Ren. I, 69 (Tf. 69) und Heitz (a. a. O., Tf. VII, 2) in Vorschlag gebracht wurde.

W. Horning, Das Stift Jung-St. Peter im Jahrb. f. Gesch., Sprache u. Lit. Elsass-Lothringens VI (Straßb. 1890), S. 45. — Ch. Schmidt, Chapitre de St. Thomas, Straßb. 1860, pag. 140, 164, 180. — Derselbe, Straßb. Gassen- u. Häusernamen, 104, 196.

Wappenzeichnungen Baldungs auf Schloss Seebarn bei Korneuburg (Niederösterreich).

Der entlegene Aufbewahrungsort dieser drei Zeichnungen, die, wie eingangs bemerkt, aus der Auction Klinkosch in Wien (April 1889) stammen, ließ ihre Besprechung an dieser Stelle um so erwünschter erscheinen, als der kunstsinnige Besitzer, Se. Exc. Hans Graf Wilezek sen., die Reproduction eines der Blätter in entgegenkommender Weise gestattete.

1. Georg von Andlau, Deutschordens-Comthur.

Im goldenen Schilde ein rothes Kreuz; auf dem Spangenhelme ein bärtiger Königsrumpf in Hermelinkleidung. Helmdecken weiß.

Links neben dem Schildfuße Baldungs Monogramm von Büheler; darunter von derselben Hand: „Jörg vonn Andelauw Comentatur zu freyburg Tentsch ordens".

Feder, braune Tinte; das Wappen ist aus der (fehlenden) Umrahmung herausgeschnitten und cartoniert. 41 × 29.

Die Herren von Andlau, Namens- und Wappengenossen der von Bergheim (s. die Coburger Zeichnung Nr. 32), zählten zum elsässischen Uradel. Für ihre Betheiligung am Hunnenzuge König Heinrichs 934 sollen sie, einer Familiensage zufolge, die noch von Kaiser Karl V. anerkannt wurde, nebst den v. Fleckenstein, v. Landsberg und v. Rathsamsausen zu „Erbrittern des heil. Römischen Reiches" ernannt worden sein. Das Stammhaus des noch in zwei gräflichen Linien (in Baden und in Frankreich) blühenden Geschlechtes war die jetzige Burgruine Hoch-Andlau oberhalb des südlich von Barr im Unterelsass gelegenen Städtchens Andlau, das u. a. Sitz einer Deutschordens-Commende gewesen ist. Georg v. Andlau ist wohl identisch mit jenem „jungen von Andlow", aus dessen Studienzeit in Freiburg — er befand sich dort zwischen 1505—1510 mit anderen Junkern unter der Obhut des Magisters Nikolaus Knobloch — die Zimmerische Chronik einen Knabenstreich aufbewahrt hat, dessen Erzählung sie mit den Worten beschließt: „Er ist hernach in den deutschen orden kommen und darin gestorben". Wann er der Commende Freiburg (mit dem Sitze in Buchheim) vorgestanden hat, ließ sich nicht ermitteln; jedenfalls vor 1523, in welchem Jahre ein Wilhelm zum Weiler als deren Inhaber genannt wird. 1526 war er Comthur in Mülhausen, von wo er am 12. Juni desselben Jahres zum Statthalter der Ballei Elsass-Burgund berufen wurde. Am 16. November 1530 erscheint er als Comthur des Ordenshauses zu Beuggen bei Basel, als der er noch am 23. Juli 1540 urkundet. Die letzte Nachricht über ihn bezieht sich auf seine Anwesenheit bei der Tagsatzung zu Baden am 9. Februar 1542, wo er als Rathsgebietiger und Gesandter der Ballei auftritt.

Das vorliegende Fragment eines Glaswappencntwurfes ist eine mittelmäßige aber echte Zeichnung Baldungs aus der Zeit um 1520. In eines dieser Jahre mögen auch die beiden Aufnahmen der 1525 zerstörten Deutschordensveste Horneck bei Gundelsheim im Karlsruher Skizzenbuche fallen (Rosenberg, Taf. 37). — Eine Feder-skizze zu einer Allianzscheibe Reinach-Adlau mit einem Bären als Schildhalter, der die Familiennamen und das Monogramm Baldungs gleichfalls von Büheler beige-schrieben sind, besitzt nach Mittheilung R. Vischers Geheimrath Professor Ehlers in Göttingen (23·4 × 17·5). Das alte Schweizer Geschlecht der v. Reinach, das den Habsburger Löwen mit blauer Kappe führte, war seit dem XV. Jahrhundert auch im Elsass reich begütert und mit den vornehmsten Familien des Landes verschwägert.

Grünenberg, Bl. XIII[b]. — Hertzog VI, 218 (hienach die obigen Tinetur-angaben). — Bucelini Germania II, 2, LII u. IV, 2, 17, 479. — Neuer Sieb-macher II, 10. Abth., Tf. 3, S. 2. — Meyer-Kraus, Wappenbuch der Stadt Basel, Tf. 1. — Gauhe, Adelslexikon I, 20. — Stammbuch des deutschen Adels I, 29. — Zimmerische Chronik, ed. Barack III, 16. — Lehr, L'Alsace noble II, 3 ff. — Roth v. Schreckenstein, Die Insel Mainau, Karlsruhe 1873, S. 93 f. — v. Mirbach-Harff, Beitr. z. Personal-Gesch. d. Dtsch. Ordens, Herald.-geneal. Zeitschr. XIX u. XX, S. 23 u. 27. — Kindler v. Knobloch, ebd. XIV, 76, und Oberbadisches Geschlechterbuch I, 13 f. — Becke-Klüchtzner, Stammtafeln des Adels des Groß-herzogthums Baden, S. 35–39.

2. Bürgerliches Wappen (Taf. XVI).

Im Schilde ein in drei Plätze getheilter Balken. Auf dem Stechhelme ein Jünglingsrumpf mit Büffelhörnern statt der Arme. Das Wappen wird gehalten von zwei lebhaft bewegten, nur mit Binden bekleideten Flügelknaben. Eine von vier einfachen Säulen getragene Halle mit durchbrochener Decke umschließt die Dar-stellung. In der Mitte, unten, neben dem Schildfuße, das von Büheler beigesetzte Monogramm. Ohne Farbennotizen.

Feder; 30 × 24·5; wasserfleckig.

Das Wappen, das durch den geschlossenen Helm als bürgerliches gekenn-zeichnet ist, ließ sich nicht bestimmen. Da es auch in handschriftlichen Wappen-werken wie dem Codex Reiber fehlt, dürfte es sich vielleicht nicht einmal um eine elsässische Familie handeln. Nach der leichten, geistreichen Zeichnung der Schild-buben und der Helmdecken zu schließen, muss das Blatt um 1530 angesetzt werden. Eine hallenartige Rahmenarchitektur von ähnlicher Anlage umgibt das Wappen Ludwigs v. Endingen auf einem gleichfalls der Spätzeit des Meisters angehörigen Scheibenrisse der Albertina (Grenser, Taf. IX).

3. von Bern.

Im rothgolden getheilten Schilde ein mit drei blauen Eisenhütchen belegter Schrägrechtsbalken. Der Spangenhelm trägt einen am Rücken mit drei Federbüscheln besteckten schwarzen Schwanenhals mit goldenem oder silbernem Schnabel. Decken schwarz-silbern oder rothgolden. Auf den Capitellen der Einfassungssäulen sitzen sirenenartige Grotesken, deren im Blattwerke auslaufende Leiber zum krönenden Flachbogen zusammenwachsen. Tincturzeichen fehlen. Oberhalb des Kleinods, rechts: „Die vonn Bernn", unten, neben dem Schilde, Baldungs Monogramm, beides von Büheler.

Pinsel- und Tuschezeichnung: 28·5 × 21.

Die von Bern, ein oberschwäbisches Herrengeschlecht, das seinen Stammsitz bei Rottweil am Neckar im Schwarzwalde hatte, scheint seinen Ursprung aus der Stadt Bern in der Mark Verona abgeleitet zu haben, wie denn der aus der Heldensage bekannte Vorname Dietrich bei ihm in älterer Zeit häufig vorkommt. Jedenfalls werden schon im XII. Jahrhunderte Mitglieder des Geschlechts genannt, das späterhin, der Zimmerischen Chronik zufolge, mit den Grafen von Zollern, Zimmern, Ottingen, den Schenk v. Limburg, den Geroldseck und Owe und anderen Dynastenhäusern der Gegend Allianzen eingieng. Vielleicht war der Besteller der vorliegenden Zeichnung jener schon 1509 genannte Georg von Bern, der 1551 und 1553 als markgräflich Badischer Amtmann in Stollhofen erscheint und eine Bettschold aus dem Straßburger Ammeistergeschlechte zur Gattin hatte. Eine Beatrix Bettschold, die zweite Gemahlin des Freiburger Rathsherrn Sebastian v. Blumenegg, hatte Baldung um 1515 auf einem von ihm entworfenen Fenstergemälde der Blumenegg-Capelle im dortigen Münsterchore, als Stifterin neben ihrem Wappen knieend, porträtiert.

Der Baldung'sche Ursprung unserer in Composition und Durchführung flauen Visierung muss bezweifelt werden, obschon ein beglaubigter Entwurf des Künstlers, das Wappen Werners v. Landsberg in der Albertina, in der Umrahmung ein ganz verwandtes Groteskenmotiv aufweist (Greuser, Taf. IV).

Baccini Germania IV, 335. — Siebmacher I, 131. — Stammbuch d. deutschen Adels I, 107. — Knobloch, Oberbad. Geschlechterbuch I, 60 f. — Stiassny, Baldung-Studien III, Kunstchronik, N. F., VI, Sp. 325.

Zum Wappen und zur Familiengeschichte der Baldung.

Vorstehende Abbildung gibt nach einer Bause aus dem Osthausener Codex das Wappen des Straßburger Bürgergeschlechtes Baldung wieder. Es zeigt in Roth ein silbernes, goldenbewehrtes Einhorn, wachsend: auf dem Stechhelme ist über einem rothgoldsilbernen Wulste und rothsilbernen Decken die Schildfigur wiederholt (vgl. Kindler v. Knobloch, Oberbad. Geschlechterbuch I, 39). Dieses Familienwappen hat schon Eisenmann, Meyers Künstlerlexikon II, 620, auf dem Holzschnitte Baldungs, der „Schlafende Stallknecht" (Pass. 76; Hirth-Muther, Meisterholzschnitte, Nr. 412), nachgewiesen. Eine Anspielung auf sein Wappenbild hat der Künstler auch in die von ihm gezeichnete Illustration zum achten Gebote in der Grüninger'schen Ausgabe der „Zehn Gebote", Straßburg 1516, einfließen lassen: hier ziert die Wange des Richterstuhles das Reliefbildchen eines Einhornes und seines Jungen (Muther, Deutsche Bücherillustration II, Taf. 245). Die Baldung stammten aus Schwäbisch-Gmünd und hatten ihr Wappen offenbar aus dieser ihrer Heimat mitgebracht; denn das ehemalige Reichsstädtchen führt noch heute das silberne Einhorn mit goldenem Horn und ebensolchen Hufen im rothen Schilde (Neuer Siebmacher I, 4. Abth., Taf. 37, S. 19; C. Pfaff, Württ. Jahrbücher, 1854, Heft 2, S. 187 f.; Rosenberg, Karlsruher Skizzenbuch, S. 6). Auch der jüngere Bruder des Malers, U. J. Dr. Caspar Baldung, seit 1522 Stadtadvocat von Straßburg (s. die Coburger Zeichnung, Nr. 29), siegelt auf einem im städt. Archive erhaltenen Schreiben aus demselben Jahre, das er noch als Rector der Universität Freiburg unterfertigt, mit dem Einhornskopfe; einen Auszug aus diesem Schriftstücke, dessen Bekanntschaft ich Hrn. Conservator Seyboth verdanke, hat Dacheux, Les plus anciens écrits de Geiler de Keisersberg, Colmar 1882, pag. XXXV squ., Note 4 veröffentlicht (fehlt in der deutschen Ausgabe des Werkes, Freiburg i. Br., 1882).

Dem Maler Baldung Grien sind in der älteren Literatur zwei Wappen zugeschrieben worden, die ihm beide fremd sind. Die dreiblätterige grüne Lindenstaude auf grünem Dreiberg, die auf einem Entwurf des Künstler zu einer bürgerlichen Allianzscheibe in der Albertina mit einem Engelschilde gepaart erscheint, und von Grenser (Taf. XVII) als sein redendes Wappen (Grien) angesprochen wurde, scheint sich auf das Freiburger Geschlecht Tulenhaupt zu beziehen. Wenigstens ist dieses Wappen auf einem von den Eheleuten Franz und Adelheid Tulenhaupt in das südliche Seitenschiff des Freiburger Münsters gestifteten Votivfenster aus dem XIV. Jahrhunderte zu sehen, mit der einzigen Abweichung, dass der Schild golden, nicht silbern bemalt ist, wie ihn eine Farbennotiz auf dem Blatte der Albertina bezeichnet (Mitth. v. Knoblochs; vgl. auch die Zeitschrift „Schau-ins-Laud", IX, 33). Ein zweites Wappen war Dacheux, a. a. O. auf Grund einer Angabe im „Bürgerfreund" von 1777 (II. Jahrg., I, 72) dem Maler beizulegen geneigt: in Gold zwei schwarze Balken, begleitet von drei, 2 zu 1 gestellten Posthörnern. Dieses Wappen gehört aber der Gattin des Künstlers, Margarethe Haerlin († 1552), an, „Herrn Christmann Herlins, canonici zum Jung St. petter Schwester" und einer Verwandten des in den Jahren 1522—1546 von der Kürschnerzunft fünfmal zum Ammeister gewählten Martin Haerlin (Hertzog, Edelsasser Chronik. VIII, 93).

Als den ältesten Bruder des Malers bezeichnet v. Knobloch Hieronymus Baldung, Art. et Med. Doctor. kais. Rath und Leibarzt Maximilians I.. mit dessen Bewilligung er sich 1496 in Straßburg niederließ. Im folgenden Jahre, 1497, erschien bei Grüninger ein Buch von ihm: „Aphorismi compunctionis theologicales", das in der 1493 von Gmünd aus datierten Vorrede dem Bischof von Augsburg, Friedrich von Zollern — dem Gönner des Ulmer Malers Bartholme Zeitblom — gewidmet ist. Ein Holzschnitt auf der Rückseite des Titelblattes führt den Verfasser vor, wie er kniend den ihm in Wolken erscheinenden Gottvater adoriert, neben ihm sein Wappen: zwei gegeneinander aufgerichtete goldene Löwen in Roth, auf dem gekrönten Stechhelme ein wachsender Löwe (Dacheux, LI; Schmidt, Répertoire bibliogr. Strasbourgeois I, 11, 28). Dieser selbe Löwenschild kehrt, von einem Bischofshute überhöht, auf einem Holzschnitte Baldungs mit der Halbfigur der Madonna in der Strahlenglorie wieder. Das signierte Blatt findet sich in dem 1514 bei Hans Schott in Straßburg erschienenen „Enchiridion poeticum", einer vom Verleger selbst zum Schulgebrauche zusammengestellten Compilation classischer Epitheta, hauptsächlich aus Virgil (Eisenmann 10; Schmidt, Répertoire II, 20, 25). Den Träger dieses Wappens, gewiss gleichfalls ein Verwandter des Künstlers, festzustellen, ist mir bisher nicht gelungen. In Hieronymus Baldung wird man aber mit Dacheux eher einen Oheim als den Bruder Baldung Griens zu erblicken haben. Am 24. Oct. 1514 erneuert ihm der Kaiser sein Bestallungsdecret als Leibarzt; in dem Schriftstücke, von dem in den Reichsregistraturbüchern im Haus-, Hof- und Staatsarchive zu Wien eine Copie vorliegt, wird ihm ein jährliches Wartegeld von 52 Gulden Rhein. — an Stelle der bisher bezogenen 80 — auf die Kammer in Innsbruck angewiesen, „darmit er sich in seinem alter desto statlicher vnderhalten muge". Doch ist er noch 1517 am Leben, wie aus einer andern kaiserlichen Anordnung in den Registraturbüchern hervorgeht, welche die Regelung einer von ihm in Augsburg gemachten Schuld verfügt. Vielleicht hat der Arzt nach einem Studienaufenthalt an der Universität Löwen sein Familienwappen aufgegeben und ein neues angenommen. Thatsächlich führte die von ihm abzweigende Linie des Geschlechtes, vorab seine Söhne Exuperantius und Pius Hieronymus, den Namen „Baldung von Loewen".

Dieser Hieronymus Baldung d. j., nach der oben geäußerten Ansicht ein Vetter — nicht Neffe des Malers, wie in der Allgem. Deutsch. Biographie II, 19 f. und von Knobloch vermuthet wird — wirkte 1506—1510 als Lehrer des canonischen Rechtes an der Universität Freiburg, innig befreundet mit den Humanisten Zasius und Amerbach. Im letztgenannten Jahre tritt er in die vorderösterreichische Regierung zu Ensisheim ein; 1521 wird er beim Regimente in Innsbruck erwähnt (Jahrbuch d. kunsthist. Smlgn. des ah. Kaiserhauses 1884, Th. II, Nr. 1449). Er kann daher nicht identisch gewesen sein mit dem „Doctor Hieronymus von Löwen, genannt Baldung", der 1521 zum Stadtschreiber von Straßburg bestellt wurde und den Dr. Caspar Baldung in dem vorhin angezogenen Briefe von 1522 als seinen „lieben vetter" grüßen lässt (Bull. d. l. soc. p. l. conservation des monuments hist. d'Alsace, II° serie, XV, 244). 1527 erscheint Dr. Hier. Baldung als tirolischer Kanzler des römischen Königs Ferdinand. Damals waren er und sein Bruder Exuperantius bereits geadelt. Das Datum der Standeserhöhung ließ sich nicht ermitteln; sie scheint vor 1520 erfolgt zu sein, in welchem Jahre das Siegel des Hieronymus im Schilde die gegeneinander aufgerichteten Löwen und auf dem gekrönten Turnierhelm den wachsenden gekrönten Löwen zeigt. Er hatte also das väterliche Wappen beibehalten, das Kaiser Karl V. in einem vom 18. August 1531 datierten Diplome ihm und seinem Bruder dahin verbesserte, dass der Dreiberg, auf dem die Löwen bisher gestanden, von nun ab fortzubleiben habe (Knobloch, a. a. O., S. 38 f). Dieser Dreiberg fehlt allerdings schon den bisher erwähnten drei Abbildungen des Wappens der „Baldung von Loewen"; doch kömmt er auf dem Wappen eines „Hanns Baldung" vor, das ein in der heraldischen Literatur bisher übersehenes Tiroler Wappenbuch in der Bibliothek des Chorherrnstiftes Neustift bei Brixen enthält; und noch im Ausgange des Jahrhunderts führt ihn ein sogleich zu erwähnender Joh. Christoph Baldung von Loewen. Der Kanzler Baldung stand bei König Ferdinand in hohen Gnaden. Bei der Hochzeit seines Sohnes (Aurelius?) in Innsbruck 1531 ließ sich die Majestät durch die Regierung vertreten und einen silbervergoldeten, mit dem „geschmelzten Wappen" der Baldung verzierten Ehrenbecher als Geschenk überreichen (Jahrb. d. kunsthist. Smlgn. des ah. Kaiserhauses 1884, Th. II, Nr. 1870 und 1874). Hieronymus scheint verstorben zu sein, als am 28. Juli 1539 sein Bruder Exuperantius und dessen Erben als seine Lehensnachfolger zwei vorderösterreichische Burgen (Wielandingen und Namsheim) übernahmen. Exuperantius wurde der Stammvater einer adeligen Familie Baldung, die im XVI. Jahrhunderte in Tirol und in Vorderösterreich geblüht hat und deren Zusammenhang mit dem Straßburger Geschlechte von Grenser (S. 5, Anm. 13) daher mit Unrecht angezweifelt worden ist.

Von einem seiner Nachkommen, dem Joh. Christ. Baldung von Loewen besitzt Herr Hofwappenmaler E. Krahl in Wien ein Stammbuch, dessen Daten von 1581 bis 1602 reichen (vgl. den Bericht über die heraldische Ausstellung des Vereines „Adler" 1878, Wien 1881, S. 81 f.). Nach Familiennotizen auf der letzten

Seite des Büchleins war der 1564 geborene Eigenthümer in Freiburg wohnhaft und seit 8. Juli 1585 mit Euphrosina Bleysin vermählt; eine zweite Gattin, Maria Cleophe von Dankenschweil, die ihm eine Tochter geschenkt hatte. gieng 1606 eine neue Ehe ein. Die Einträge des Büchleins eröffnet das alte Einhornwappen der Baldung, umgeben von vier Ahnenschildchen. Der Besitzer scheint aber in Wirklichkeit das vermehrte Wappen geführt zu haben, das Blatt 4, Rückseite gemalt ist und die Vorderdecke des Buches in Goldpressung schmückt: im gevierten Schilde das Stamm- und das Löwenwappen combiniert, darüber die beiden Helme mit den bekannten Kleinoden.

Aus dem interessanten Inhalte dieses Stammbüchleins sei nur das Wappen eines Friedrich von Gottesheim aus dem Jahre 1585 (Blatt 81, Vorderseite) hervorgehoben, weil es uns auf den Künstler selbst und ein namhaftes Werk seiner Hand zum Schlusse zurückführt. Margaretha, die 1560 verstorbene Tochter Hans Baldungs, war in erster Ehe mit einem Sprossen dieses Hagenauer Patriziergeschlechtes, Matthis v. Gottesheim († 1530), vermählt. Das Wappen der Gottesheim war ein goldgerandeter blauer Schild, darin ein mit 3 goldenen Sternen belegter rother Schrägbalken; auf dem Spangenhelme mit blaurothen Decken ein blauer Schwanenhals mit goldenem Schnabel und rothem Rückenkamm, daran 3 goldene Sterne. (Knobloch, Her.-gen. Zeitschr. XIV, 101). Dieses Wappen findet sich nun zweimal auf dem großen Flügelaltare Baldungs, mit der Taufe Christi als Mittelbild, der aus der Dominikaner-kirche in das Historische Museum zu Frankfurt a. M. gekommen ist. Bei dem Donatorenpaare auf dem linken Flügel erscheint er als Manns-, bei jenem auf dem rechten Flügel als Frauenwappen. Das Triptychon war also von der Familie des Tochtermannes Baldung Griens gestiftet worden.

zum Trenbel.

Zweibrücken=Bitsch.

Ebelin.

Honstein.

zur Maegdt.

Eberstein-Sonnenberg.

Ziegler zu Barr.

Brechter.

Utenheim.

Lentlin.

Hohenlohe.

Wittelshausen.

Baerenfels.

Zorn von Dunzenheim.

Bath von Düntzenheym .1 5 4 2.

Dunzenheim.

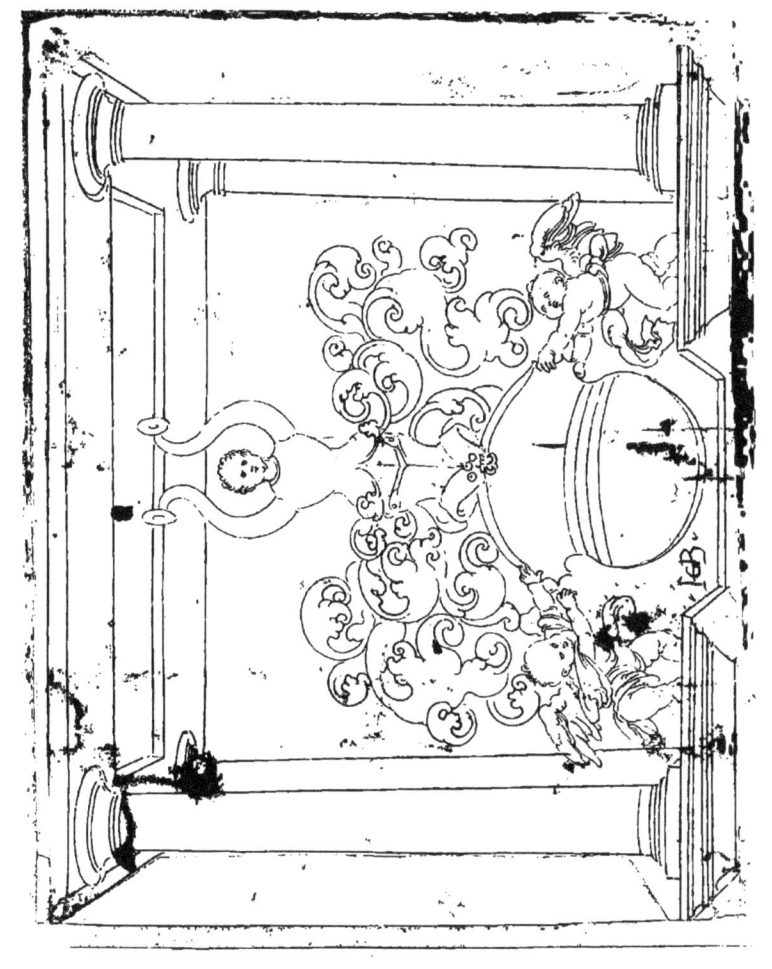

Schloß Herborn, N.-Oeſt.
Gräfl. Wilczek'ſche Sammlung.